花を飾ると、神舞い降りる

有花就有神

通靈花藝師帶你用花
與神相遇

須王花神／著　高宜汝／譯

這是一本能啟發你感性力的魔法書，更是一本能夠揚昇你性靈層次的哲學書，讓你能輕鬆擺脫現實生活中理性的束縛。我從小就被花深深吸引，也是花一路引領我踏上尋找生命真相之路。在讀完本書後不免發出會心一笑，原來花是真的花心，讓每個欣賞的人都能被花滋潤、療癒與啟發。原來佛陀之所以拈花微笑，正是從一花一世界中，看見了生命的喜悅，明白了生命的真相。期待讀者也能帶著童心，隨著作者的腳步，一步步深入書中的花花世界。旅途中你將驚奇地發現，原來生命中的答案就藏在花裡面。

藍米克全人教育協會理事長／藍米克

目錄

第三章

改變自己與世界的能量

第四章

如花般生活

最終章

人生必定會持續往好的方向前進。

這個機制，其實你也知道。
至今的人生中，你應該體驗過好幾次。
「覺得完蛋了的時候，突然有人現身幫助我。」
「在命中註定的時機與戀人相遇。」
「被意料之外某個人的溫柔拯救了。」
旅程中看到的美景安慰了自己；在不經意翻開的書頁章節中，找到過去的自己的喜悅。
憂愁、嘆息、喜悅、舞動，每次都得到了幫助及療癒。
你就是這樣活到現在的。

人生會持續往好的方向前進。
這就是這個世界的機制。

因為是機制，所以沒有例外。

當然包含你，以及你的家人、戀人與朋友，所有人都朝著幸福前進。
再怎麼抗拒，人都不可能變得不幸。

你已經走過一段很長的人生，
來到相當遠的地方，
也經歷過非常多體驗了吧。你真的很努力了。
一定曾覺得已經撐不下去。
即使如此，你還是沒有放棄。我很佩服你。

你已經知道什麼是高興到飛上天。

請更以自己為傲，
我覺得你有點太謙虛了。

人生會持續往好的方向前進。
所以，我們才能活下去。
你可以高聲說：「人生，其實意外地簡單耶。」
可是，這種話很難說出口。有這反應很正常。
因此，由我來代替你說出口吧。
「人生意外地簡單喔。」

你學習或體驗過許多事情。
如果覺得人生難以理解，好像有點沉重的話，這本書
一定能幫助你。

本書寫著你一直想知道的事。

沒錯，就是這本「花朵的書」。

漸漸揭開這個世界、這段人生的真相吧。

一口氣將目前為止蒐集到的零件組合起來的時候來了。

你以往感覺到的疑問，會一個個迅速解開。

請慢慢品味其中的樂趣。

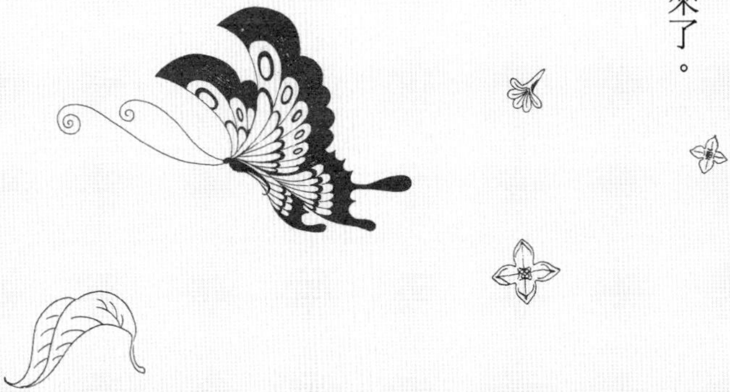

序章
有花，就有神

存在於所有花木中的祕密

你有擺飾花卉的習慣嗎？

花，能讓我們放鬆。

大自然創造出的動人色彩，花瓣及葉片的濕潤手感。

足以令人一時分神的那股複雜又豐饒的香氣。

放在桌上的瞬間就能淨化整個環境的舒適感。

無論是誰都能體會擺飾花卉時的感覺。

光是有花，就能帶來華麗的感覺。

在入學典禮、畢業典禮、生日派對、結婚典禮或葬禮等人生各個重要階段，花都是不可或缺的存在。

不只是開心的時候，悲傷的時候，花也陪伴著我們。

有花的時候，究竟會發生什麼事？

花會帶給你幸福的每一天。

不只精神上那種看不見的幸福，

花也帶給我們經濟上的富足，以及外型美觀等物理上看得見的幸福。

為什麼花能帶給我們這些幸福呢？

一切都是因為，精靈。

其實，這些都是精靈所為。

精靈跟花木一直都在一起。

沒有精靈不在的花木。

植物的能量創造出精靈，精靈的能量孕育著植物。

擺飾花木，等同於召喚精靈。

精靈力量雖小，卻能帶來莫大的影響

抱歉，太晚自我介紹了。我是須王花神。

我是能量哲學家，從「看得見的世界」及「看不見的世界」闡釋世間的人生哲學，並傳達給各位。

為什麼我可以告訴你有關花卉和精靈的這些事呢？

因為我不只是能量哲學家，也是從事花卉相關工作的花藝師。

我常常對顧客說：「要派精靈過去囉。」請精靈出力協助。

你可能會覺得：「派精靈過去？這種事做得到嗎？」

事實上是做得到的。我跟精靈的關係非常好，不只拜託祂協助我，也拜託祂協助我的顧客。

就來分享幾個顧客的經驗吧。

住在夏威夷的飯店時，因為在意房間某處傳來的馬達聲而受失眠所苦。那時候，我聯絡了在日本的花神老師，請她幫我派精靈來。結果一下子就陷入熟睡狀態，回過神已經是早上了（笑）。之後花神老師才跟我說：「因為要暫停馬達聲太難了，所以請精靈讓你睡著囉。」精靈真的很厲害！（顧客I／四十多歲）

這是我父親因癌症住院治療時的事。雖然治療過程很順利，但是爸爸的腳總是浮腫得相當嚴重又很痛，真的很可憐。我跟花神老師商量後，在病房擺了花，請精靈來幫忙。結果隔天早上爸爸的腳不再浮腫，還能出院了。這一切實在太意外又驚喜，讓我們家人興奮了好一陣子。（顧客R／四十多歲）

我罹患暴食症已經快二十五年，在了解身心狀況後，病情慢慢有所改善，可是從未完全痊癒。不過，從精靈被派遣到我這裡的那天開始，異

常的食欲一下子就消失了。之後我每天都過著跟一般人一樣安穩、不再被食物控制的生活。真的非常感謝。（顧客M／三十多歲）

老公罹患罕見疾病之後，我們夫妻兩人每天都過得相當沮喪。某天，我遇見了花神老師，她跟我說：「告訴你關於精靈的事。」然後我開始在家裡擺花。之後不到幾天，一直鬱鬱寡歡的老公開始變得常常會笑了。又過幾天，他開始會自己去復健。看到有笑容的他，我的心情也跟著輕鬆許多。（顧客K／五十多歲）

看了這些例子感覺如何呢？就如以上事例般，精靈能在極小的瑣事上提供幫助，也可以幫忙解決很大的煩惱。精靈的力量雖小，但是那股小能量卻能大幅影響到人類，幫助我們度過每一天。

被只占五%的看得見的世界玩弄的我們

這個世界是由五%看得見的世界，跟九五%看不見的世界所組成。

看得見的世界，是我們人類的世界。

看不見的世界，是神的世界。

在只占五%的看得見的世界中，存在著我們人類等動物、花等植物、地球和太陽等所有事物。光是看得見的世界就這麼寬闊了，看不見的世界卻是它的好幾十倍大。

在只占五%的看得見的世界中，我們拚命生活。

工作、金錢、戀愛、結婚、育兒、健康，我們總是在擔心某些事，心情焦急像被追趕。

沒有特別不幸的事，甚至知道自己是幸運的，但還是無法抹去不安。有這種感覺的人應該不少。

以前為了學習心靈世界的事，我前往印度。世界各地的企業家都聚集於此，不論吃飯睡覺，從早到晚一起學習看得見的世界跟看不見的世界。我在那裡認識了烏克蘭、俄羅斯、加拿大、日本、中國、馬來西亞等各國的人。

大家都是社會上所謂的成功人士。

可是，大家的煩惱完全如出一轍。

事業成功，也有自己的家庭，身體健康，卻無法覺得自己幸福。甚至認為搞不好還有更多其他的正確答案，所以總是無法相信自己的決定。**明明得到了所有，卻像什麼都沒得到一樣。**

為什麼世界上所有人都在煩惱同一件事呢？

因為我們活在只占五％的看得見的世界裡。

每個人都擁有看到看不見的世界的「觀」力

我希望已經充分努力活在五％看得見的世界的你，接下來能夠去認識九五％看不見的世界，所以才寫這本書。

知道看不見的世界之後，你可能會有點不安。

不過，它好好地在你眼前，只是你看不見。

本書會多次提到「觀」，所以先來解釋一下「觀」是什麼。

「觀」是在審視看不見的世界時用的字。

「看」是在察看看得見的世界時用的字。

我們人類是以視覺、聽覺、味覺等五感來認識這個世界。

其中，大約超過八〇％都是透過視覺來認知，所以一聽到「看」，都會想像成用眼睛去「看」。

即使我說「你也有看到看不見的世界的觀力」，大部分的人會說「才沒有，我沒有這種能力」。

實際上，「觀」包含了眼觀、耳聽、鼻嗅、肌膚感覺、舌頭品味。不只眼觀，耳聽也是一種「觀」。被稱為第六感的「突然知道」「總覺得是這樣」，也是觀的一種。

換句話說，我們的身體感覺全都是「觀」。

進入廟宇的瞬間，總覺得心情很好。

跟這個人見面後，變得有精神多了。

突然聞到一陣香氣。

這些經驗，你一定也有過。

代表你也正在觀見看不見的世界。

為何擺飾花朵，就能擁有神的能量？

跟看不見的世界相連的方法有很多，其中我最推薦的就是擺飾花卉。

精靈與花木同在。

精靈對人類相當有興趣，總是在花朵旁開心地看著我們，而且願意提供協助。

或許你看不見精靈的模樣，但你看得見花。精靈總是與花同在，所以擺飾花卉等於邀請精靈來到你身邊。

平常不自覺地映入眼簾的花朵，其實是連結看得見和看不見世界的道具。是不是讓人有點興奮呢？

現在，擺在你家裡的花，也有精靈喔。

不僅精靈，這世界有許多肉眼看不到的存在。

這些存在，能自由往來看得見和看不見的世界。精靈跟天使也是，龍跟獨角獸也一樣。

這些存在，從看不見的世界來到看得見的世界時，會帶著看不見的世界的能量，也就是神的能量過來。

所以，**擺飾花朵，神就會降臨**。

這絲毫不是誇大。

與精靈的初次相遇
就在巴黎蒙帕納斯的老牌花店

讓我來分享跟精靈相遇的往事。

我開始從事花藝工作，是在巴黎蒙帕納斯的老牌花店。我也是在那裡遇見精靈。

那是準備開門營業的時候。

花店的店面縱深較長，兩側牆面從上到下都擺滿了花卉或樹枝，排滿密密麻麻的美麗花朵。

我不經意地觀到，地板上的籃子在閃著光芒。

好奇的我一直盯著籃子，結果精靈竟然從籃子裡跑出來。

雖然是第一次觀見精靈，但直覺上知道祂就是精靈。祂的外型酷似你聽到精靈時會聯想到的奇妙仙子（Tinker Bell）。

精靈也察覺到我正在看祂。

接著，像是說好了一樣，當祂飛到空中時，其他的花仙子也跟著一起現身。

芍藥花的精靈、美人草的精靈、蘭花的精靈、百合的精靈，那幅景象宛如光在合唱。

在我因那美麗姿態看到入迷的時候，花店老闆正好走進店裡。

然後，就像平常一樣誇張地笑著說：「你真是天才耶！」把手放在我的肩膀上。

此時，我清楚知道「老闆也觀得見」。

成為巴黎花藝家之首的老闆，一定也得到很多精靈的幫助。

但在這時候，我絲毫沒想過花精靈竟然會大大改變我的人生。

拚命生存的我
不經意湧現的衝動

決定前往巴黎的時候，我跟三歲的孩子一起生活。

離婚、腦部手術、眼睛手術……是人生變動到令我眼花撩亂的時期。

我用盡心力無論如何都要讓孩子幸福，每天都很拚命。

實際上，我原本對花一點興趣也沒有，更沒有在家裡擺花的習慣。

不過，某天突然不經意地湧現想在巴黎學習花藝的衝動。

看雜誌的時候，「花」及「巴黎」猛然映入眼簾。

當時完全不曉得自己為什麼會被花吸引，也不知道為什麼想去巴黎，但現在我已經清楚知道那個理由。

那時，我很累，拚命生活，不知道正確答案是什麼。

可是，不做些什麼就會不安。

但就算做了什麼也毫無感覺。

儘管如此，還是悶著頭持續往前走。

就在那時，我跟花相遇了。因為我極需要高度的療癒。

我決定去巴黎。為了學習花卉基礎，立刻去花店上課。然後每週有很多跟花接觸的時間，在接觸花朵的時候理解被療癒的感覺。

拿著花梗時手上傳來冰涼又硬的感覺，花瓣有如天鵝絨般的質感，為了沾黏花粉而濕潤的雌蕊。

一一仔細觀察的時光，將我的時間從激烈流動轉變成靜靜流逝。

那時候的精靈可能是這樣鼓勵著我：

「走吧，去跟真正的自己見面。」

人生中需要的
會在最棒的時機出現

去巴黎的理由，現在也變得明確：是為了跟精靈相遇。

不對，精靈一直都跟花同在，所以我早就跟祂們相遇了。只不過，我沒有察覺到祂們的存在。

為什麼會突然觀見至今看不到的精靈呢？

這是因為時機到了。

人生中需要的會在最棒的時機出現。一定會出現，毫髮不差地出現。

在最棒的時機前往巴黎，在最棒的時機得到精靈的幫助。

現在，無論是在花店還是公園或山裡，在每個地方都會遇見精靈。然後，祂們總會在需要的時候伸出援手。

得到精靈幫助後，不再為了折磨我的人際關係煩惱。因為離婚而頓失自信的戀愛觀，也變得能再次建立穩定的關係。

幾乎沒有工作經驗的我，現在則經營公司，跟孩子兩個人每天都過得很幸福。

不單是我，我的顧客也漸漸出現令人開心的變化。

夫妻關係變好了、決定要結婚了、懷孕了、疾病痊癒了、公司年收翻十倍了等，多得介紹不完。

你的人生需要看不見的世界跟精靈，所以現在化身成「書」，出現在你面前。

即使機緣出現的瞬間無法理解，之後你一定會了解它出現的理由。

時機一向很完美。

想得到精靈的幫助，只要擺飾花。

花，會連結看得見及看不見的世界。

有花，神就會降臨。

請務必享受到最後。

第一章

擺飾花朵會發生什麼事？

在巴黎學到與花、精靈的交流術

你喜歡花嗎？

直到去巴黎之前，我對花一點興趣也沒有。

花是大概有人送，我才會擺在家裡的程度，幾乎沒有自己買過。

可是，在巴黎從事花藝工作後，對花的意識整個改變了。我開始覺得「花並不特別」。

跟過去的我一樣，大多數人會覺得花是用來妝點人生大事，不是日常接觸的東西。

應該不少人覺得花就像塑膠般的無機物質，不是自然的東西。只要花瓣稍微出現淺褐色，顧客就會要求換掉，花梗如果不挺直就賣不出去。這些在花店都是稀鬆平常的事。

我回到日本並在住處附近的花店工作後，就出來開店。想開店的最大理由，是因為想將自己覺得美好的巴黎花卉文化，介紹給更多人知道。

巴黎有非常多花店。

數量比日本的便利商店還多。從花店數量之多就能得知，花是人們的日常用品。

即使是婚禮要用的捧花，也不會刻意做得很浮誇，這就是巴黎式做法。婚禮當天早上，新娘的媽媽會親自去花店買捧花，這在巴黎是非常普遍的景象。

花是日常擺設在家中的東西，所以買花回家的時候，不會做吸水保鮮處理、不會裝水、也不用保水凝膠，花梗也完全沒修剪。包裝只用一張白紙包起來而已。

花並不特別，它是日常生活本來就有的東西。畢竟我們在市集買蔬菜水果時，也不會特地將它們包裝得漂漂亮亮。

在巴黎，人們不會在意花瓣或花梗的狀態不完美。因為那是最自然的模樣。

你在買紅蘿蔔時，難道只買外型筆直的紅蘿蔔嗎？買柳橙的時候，會拚命找完美無缺的柳橙嗎？最近買蔬菜水果時，選擇無農藥栽培或有機農法自然作物的人變多了，覺得完美反而不自然的人也變多了。

對巴黎人而言，花跟蔬菜水果一樣，都是自然產物，都是日常用品。他們在意的不是花的美醜，而是生活的美感。

怎麼買、怎麼擺都隨你

不需要在花上追求完美。

買法、擺法，甚至整理法，適合你的就是最好的方法。

目的不是怎麼擺設，而是讓生活變得豐沛。

請先試著買一枝花，不用在花店買也可以。

在超市跟農會都能買到花，我也常常在那裡買。

花不用每次都擺飾得很完美。

吃完布丁後剩下的玻璃盒，在裡頭插幾枝花放在廚房，這樣就夠了。

我常這樣做，看起來很可愛。

巴黎人嚮往平日在大都會生活，週末到有著豐富大自然的鄉下生活的型態。

可是這種生活非常燒錢，現實中也很難做到。

所以他們平常會買花擺在家裡，將自然引進家中。

即使重視和自然一同生活的方式，巴黎人也不追求自己無法負荷的奢侈。他們知道儘管虛張聲勢，生活也無法維持美感。

我們會從自然中追求療癒。

離開自然環境太久的生活，會令人感到窒息。

花，是從自然中切割出來的一部分。就算住在都是鋼筋水泥的城市，只要擺朵花就能讓人感受到大自然。

現在的我，不曾讓家中沒有花。

旅遊或出差時，也會在下榻的飯店擺花。我非常推薦在飯店房間放一些花。

大自然會「調整」我們

為什麼人會追求大自然呢？

因為**維持原本的自己，能夠「調整」我們**。

自然、天然、原本的狀態；在完美又漂亮的鋼筋水泥中的原始「自然」。添加這些天然的「自然」，會讓人覺得相當療癒。**療癒，是指原先停滯的能量開始流動起來的感覺**。

這世界上的所有東西，能單獨保持原始狀態的，只有大自然。

動物有自己的想法，**有想法就會衍生出不自然**，所以在太人工的地方，很難使我們感覺療癒。

「調整」不是變好。

變成自然的狀態，變成原始的狀態，變成原本的狀態，才是調整。

自然的狀態最能讓能量順暢流動。

舉例來說，緊捏著水管，水勢會看起來非常猛烈。可是，讓水管保持原本的狀態，水才能大量流出。

人生也一樣。調整好自己的狀態，人生就會順利流動。

看不見的世界
跟療癒與美麗的驚人關係

與看不見的世界產生連結，具體來說，就是看不見的世界的能量，會流向我們人類世界。

當能量流進來之後，就會開始「調整」。

停滯在水管中的能量開始流動，順暢地釋放原有的能量。
擺飾花之後感覺到的空間淨化感，就是調整。
停滯的能量開始流動，會感到療癒。
所以人類才會追求自然。

我們都覺得花很美吧？
為什麼會覺得花美，也是因為被調整了。
美麗的意義不僅限於外表。
跟女性的美一樣，美麗的人都在調整。
結婚典禮或葬禮等人生大事，都必須有花。即使對花沒興趣的人，也會想擺飾花。
那是因為我們靠體感，了解調整的狀態。
花總是在人生的轉捩點上，調整著我們。

「花期很久」「插花從不猶豫」——都是精靈的傑作！

開始經營花藝教室後，我逐漸確信花朵中藏著看不見的特別力量。

儘管不在巴黎、即使不是花店老闆，任何人在任何地方都能得到精靈的協助。

因此，就算我只在巴黎跟日本兩地的花店工作過，還是毅然決然地決定成為花藝師。慶幸的是，在自家開課之後，每場都爆滿，學生從日本全國各地搭乘新幹線或飛機來上課。

雖然很感謝這一切，但還是對這個狀況感到不解又不可思議。

某天，我試著詢問從東京來名古屋上課的學生：

「為什麼願意特地跑來這裡上課呢？東京明明有很多出色的花店。」

結果她笑著回答：

「花神老師選的花是特別的花。而且，我覺得從事花藝的老師非常棒。」

我使用的花都是從一般市場購入，不是什麼特別的花。可是，花期卻莫名地長。

常聽到學生說拿花藝作品回家，可以欣賞超過一個月。

木本花材的話，還聽過有人說就算過了半年狀態也很好，找不到更換的時機。你覺得為什麼會發生這種現象呢？

沒錯，這些都是精靈的功勞。

祂們在市場上對我吆喝著選我選我，為自己宣傳。

有人說我在從事花藝工作時就像換了個人。

動作沒有絲毫猶豫，不需要動腦思考哪裡該插什麼花，手會自己動作。

這也是因為精靈告訴我當下該怎麼做才自然。

不丟花的愛花人

「啊，原來如此，學生們也從我選的花裡感覺到精靈的存在。」發現這點後，我教課時會特別留意。

在市場挑花時，觀見精靈才選購。

不管是吸水處理，還是除葉處理，都是在意識到精靈的情況下仔細進行。

任何花木中都有精靈。

是否意識到精靈的存在，會影響花藝家對花的選擇與處理方法。意識到精靈的花藝家，片刻都不曾將花當作物品處理。

在巴黎照顧我的花店老闆，是不丟花的花藝家。

花梗泡在水裡，時間久了會慢慢腐爛。

儘管這樣，老闆還是不丟。

他會留下花朵，排在裝了水的盤子中。即使是盛開過的花，也會放在店裡的作業臺上裝飾。

花店裡的花，廢棄率大約三成，是賣剩被處分掉的花。雖然狀態還很漂亮，但是不能當作商品來賣。花店空間也有限，事實上除了丟棄之外沒有其他辦法。

可是，老闆就是不丟，所以作業臺或後臺總是滿滿的花。看起來好像很難做事，不過習慣之後就能理解，充滿精靈翅膀光芒的作業臺，才是這間花店的重心所在。

與精靈共事發現的「共生」與「道別」

和精靈一同工作的時間，為我帶來「共生」的經驗。

我了解不需要為了成就而一個人努力，一個人什麼都做不成。

眼睛看得見的世界很狹小，眼睛看不見的世界極寬闊。

觀見精靈幫助我們的模樣，能親身感受到共生。
一個人做得到的事有限。
我們無法一個人生活，也不需要一個人生活。
精靈讓我發現，借用看不見的世界的力量，在自然界是理所當然的。

知道花不是物品的我，也明白老闆不輕易丟花的理由。
因為花、精靈與人類，都是同等的存在。
看不見的世界跟看得見的世界，都同等重要。
這對當時的我來說，是相當大的教誨。

講到這裡可能有人會擔心，「那要什麼時候把花換掉才好？」
精靈沒有肉體，所以不會因為花被丟掉而受傷。
請看窗外，有很多樹跟花吧。它們在人們未察覺的情況下成長、綻放、凋零、枯萎，接著又回到種子狀態。
你擺在家裡的花也一樣。

花處在這個循環中，精靈亦然。

看得見的世界跟看不見的世界同時存在。
無論是花還是精靈，只是時而看得見、時而看不見而已。

我也是在能欣賞花的期間，發揮巧思去擺飾它們。
凋謝的花瓣，光是放在容器上就能成為漂亮的室內裝飾品。
能賞花賞到這地步也相當滿足了，可以毫無負擔地替換成下一束花。
若感覺自己享受花到最後一刻了，表示你跟它的緣分已盡。
「彼此」都相當盡興，共同生活的時間結束了。
所以替換成下一束花也沒問題。
花和精靈跟人一樣，在終點來臨時就心懷感謝，悄悄地放手吧。

知曉、理解，不知不覺人生就會改變

任何人都能得到精靈的幫助。

但是，為了得到幫助，一定要知道精靈的存在以及個性。

不知道這些，意味著你的世界沒有祂。

因為知道，祂才會出現在你的世界中。

現在，我隨時都能聯絡到精靈。

知曉，理解，然後開始做得到，順序一定是這樣。

我也是知道精靈之後，開始理解祂們是何種存在，才得到祂們的幫助。

我人生中的巨大轉變，一直都是從知曉以往不知道、看不見的世界的存在開始。

每知道一件事，就會敞開新的大門，開始理解，進而做到。

重複這些過程，人生會逐漸好轉。

我的顧客們也一樣，大家一開始什麼都不知道。

不管是精靈的存在，還是人生中容易改變的事。

理解、做得到等情況，一定會在之後出現。

首先是知曉。

人生的轉變期都是在回想時察覺，「啊，那時就是轉變期」的時候。

變化即是結果。結果不會刻意出現，是不經意出現的東西。

那麼，我們就來知曉精靈吧。

精靈的模樣與真面目

接著來說明精靈究竟是什麼，以及祂的外表跟個性。

聽到精靈，是不是會想起迪士尼的奇妙仙子呢？

那種類型的精靈稱為「小仙子」（Pixie）。

英國知名兒童文學作家巴克描繪出的精靈，幾乎都是小仙子。

在巴黎花店看到的精靈也是小仙子類型。

祂們的外表就像人類的身體長了翅膀，可是本體不是胴體，而是翅膀。

在人的眼中，小仙子看起來就像閃閃發亮的光，但那亮光其實是拍動翅膀形成的。

在觀察花或自然的時候，有沒有感覺到一陣閃亮呢？

如果有，那你也觀見了精靈。

精靈的種類有很多。

除了小仙子之外，還有妖精（Elf）。祂是《魔戒》中出現的精靈，長得很高眺，外貌也很別緻。尖尖的耳朵是特徵。凱爾特神話中出現的精靈也屬於妖精。

另外還有一種精靈，祂的上半身是人，下半身是鹿或馬，稱為法翁（Faun）。法翁在《納尼亞傳奇》中登場過。

還記得在《冰雪奇緣》裡那群岩石般的生物嗎？地精（Troll）也是精靈的一種。有小隻的地精，也有像山一樣巨大的地精。其他還有《哈利波特》中出現的哥布林（Goblin），也是精靈。

聽到這裡，應該已經有人發現了吧？

沒錯，精靈在歐洲是非常普遍的存在。

巴克，以及《魔戒》和《納尼亞傳奇》的作者都是英國人。

地精是挪威的精靈，哥布林是歐洲全土都會提到的精靈。

描寫精靈的作家權威莎士比亞也是英國人，代表作之一《仲夏夜之夢》，就是講述住在森林裡的精靈。

《仲夏夜之夢》有一朵魔法之花，只要將那朵花的汁液塗抹在眼皮上，就會愛上睜開眼之後看到的第一個人。這是整部故事我最喜歡的段落。

對歐洲人來說，精靈是眼睛看不見的存在的代名詞。經歷過相當美妙的體驗時、突然運氣好轉時，以及出現不可能發生的奇蹟時，人們都會說：「這是精靈的功勞！」

大多數人都能理解輪迴轉世跟前世，也能感覺到神的存在。就跟這種情況一樣，對歐洲人來說，精靈是非常親近且自然的存在。住在土地上的人，其意識會影響土地的能量而化為形體。所以，我在日本從未觀見過精靈，卻能在巴黎看到。

有花的地方就有精靈

以前去芬蘭的時候，我遇過山妖。

那是第一次觀見山的精靈。一直以為精靈很小的我大吃一驚，因為山妖是跟山一樣大的男巨人！

山精靈沒有發現我，只是悠悠地站著，眺望所有山巒。我是從湖中航行的遊覽船中觀見祂，發現船上除了我之外，有另一個外國男人也觀見祂。

「我是第一次看到這麼大的精靈。」聽到我這麼說之後，他回答「我也是」，我們兩個就英、法語交雜著聊了一下。

也許有人會覺得：「不去歐洲就遇不到精靈嗎？」其實不然。精靈隨時都與花在一起，有花的地方就有精靈。說不定在聽我說話的期間，你也慢慢察覺到精靈的存在。或許也有人開始確定自己看到的那個「原來是精靈」！

印象中，精靈都存在於充滿大自然的地方，不過我也在街道上遇見許多精靈。花店就不用說了，家中、田園田埂間、公園裡，總之有花有樹的地方就有精靈。

到花店的時候，可以看到店內擺放著很多美麗的花，每種花都有精靈。

比方說玫瑰，玫瑰花仙子會從裝著玫瑰的玻璃筒看著你。

如果買一枝玫瑰回家，花仙子就會跟著回你家住。

但這樣，花店就少了玫瑰花仙子嗎？沒這回事，還有其他的玫瑰花仙子。

如同先前說過的，花的循環是盛開凋零後成為種子，精靈也一樣，看得見跟看不見的存在也是，存在本身絕對不會消失。

人類的眼睛看得到的，僅是世界的一部分。

只要有花，就一定有精靈。

與精靈相處要體貼且對等

話說回來，精靈的個性到底如何呢？

精靈不是神。

但是，絕不能因此輕視祂。祂討厭不重視禮節的人。對待精靈要跟對待人一樣心懷體貼，平等相處。

重要的是「對等」，如同人際關係。

跟關係對等的人相處是最安心的，也能建立信賴關係。

吹捧、鄙視，無法跟對方建立起良好的關係。

請像對家人或朋友般，用體貼的心平等地和精靈相處吧。

觸碰花朵的時候，是輕柔地撫摸，還是粗暴地摸著花瓣呢？大家應該不會粗暴地摸自己小孩的頭吧。

面對廟宇神社境內的樹木，有沒有因為好像能庇佑自己就未經允許去觸碰呢？若是自己突然被其他人觸碰，你有何感受？

觸碰花的時候也一樣，請輕柔地摸，不要讓它受傷。

想摸樹時，也請先說一聲再摸。

「你好，請讓我摸一下。」只要這樣說，精靈就不會不開心。如果讓精靈不開心可糟糕了！

或許有人會擔心用剪刀修剪，會不會傷害到精靈？你是在想著要把花或樹枝修整得漂亮，才會幫花做吸水處理或是修剪庭院裡的樹木。所以，只要有這份心就沒問題，就算用剪刀修剪也不會傷害到花跟精靈。當然，故意弄傷就另當別論了。

精靈會協助直率的人

精靈對人類興趣滿滿，經常看著我們。

例如，你隨手擺放項鍊，看到這個動作的精靈，會認為放在那種地方，應該不是重要的東西，於是會將項鍊從你記憶中抹去。

你有沒有隨便對待重要的東西呢？當丟失東西的時候請回想看看，有沒有讓精靈看到？

精靈總是在聆聽。你有沒有對重視的人說過「不管啦！我最討厭你了！」這種無心的話呢？

精靈正在聽你說話。

聽到你的話之後，精靈會認為：「是喔，你討厭他，我知道了。」然後惡化你們的關係。明明想和好卻不順利時，請回想看看，是不是精靈聽到你說的話了呢？

精靈非常直率，祂就是自然本身，經常處於調整的狀態。

從來不讓能量停滯。

進來的，就讓它直接完整出去。

所以，我們如果想得到精靈的幫助，要忠於自己的心。不是分好壞，而是必須忠於好惡、愉悅與否等心情或感受。

這意味著不可以逞強或是看別人臉色而壓抑自己。你做的事跟說的話，精靈都會直接照字義去理解。

只要能忠於自己的心，精靈就會照你期望的協助你。

然而，若是讓精靈不開心會如何呢？
祂可能會裝作沒聽到你的期望。
也可能會做出跟你的「真心」完全相反的結果。無論是花還是樹，都要像對待人一樣對待它們。
然後，選擇符合現在心情的花來擺放吧。
配合自己的狀態，像換衣服一樣去擺放花朵。
這樣，就能邀請到適合你的精靈。

孩子們都看得到精靈

每年暑假我都會舉辦免費的「能量哲學暑期兒童講座」。在二〇二一年的夏天，共有兩百二十五人報名。年紀最小的是三歲，最大二十二歲，最多的是大約十歲左右的孩子。
講座內容有哪些呢？像是「實現夢想的方法」「如果討厭某個人該怎麼辦」之類，對孩子來說非常重要的話題。

監護人往往對講座內容大讚：「我也想在小時候聽到這些。」「如果討厭某個人該怎麼辦」尤其是每年的熱門主題。

你有討厭的人嗎？

我有，跟對方在一起就會興致全消。

這時該怎麼辦呢？告訴大家我的祕訣。

就是希望對方「得到幸福」。

搞不好你腦中會閃過，「怎麼可能祝福討厭的人」的想法，不過請好好思考一下。眼前的人的心情，會對我們產生一定的影響。當家人不開心時，你會有哪種心情？某個人生氣的時候，會不會讓你膽顫心驚？重視的朋友如果哭了，自己也會跟著悲傷對吧？正因如此，才要祝福討厭的人得到幸福。

接著，也希望你同時能繼續為保持幸福而努力。這是為自己，也是為了跟你一同生活的人。**你的幸福，就是眼前的人的幸福。**

因為是對兒童開設的講座，所以我盡量用簡單的字詞說明，不過，這些內容連大人聽了也點頭稱是。

孩子們在聽完這些說明後，表示非常能夠理解，每個人都變得笑容滿面。面對這些孩子，我也試著問過他們一些問題。

「有看過精靈的人，請舉手！」

大概超過三十個孩子隨即舉起了手。

「那，有看過花朵閃閃發光的人？」

花朵會發光，是因為精靈在揮動翅膀，並不是光線從花上反射出來。聽到這個問題，舉手的人一下子增加，約有近七十個孩子舉手。看到這個結果，我超級興奮。

「果然大家都看得見耶。大人都說他們看不到，但花朵真的在發光對吧？」孩子們都點頭贊同。

講座結束後，我收到很多孩子的感想。

「世上果然有精靈呢！不是我想太多！」

「我也看過，可是我沒有在講座上發言～」

「祂們也一直在聆聽我的願望喔！」

你小時候一定也看過。

可是，漸漸地觀不到「真相」。

沒關係，這很正常。變成大人就是這麼一回事。

但是，你現在又再次得知精靈的存在。

知曉看不見的世界的時機來臨了。

這正是「人生需要的會在最棒的時機出現」。

你的人生，只會發生需要體驗的事。

現在這瞬間，你身上正在發生什麼？

對於看不見的世界，我最早的記憶就是讀小學前發生的那件事。

我從上幼稚園開始，都一直有去推拿。媽媽是推拿館的常客，負責幫媽媽推拿的推拿師不知從何時開始，也開始幫我推拿。

「暫時關掉能力吧。」

為了適應社會，推拿師認為我不去觀見看不見的世界比較好。他一定也曾經能觀到看不見的世界。

看不見的世界非常漂亮又溫暖，孩子容易沉浸其中。

人類會隨著成長，逐漸觀不到看不見的世界。習慣群體生活的人，無法遠離社會生活。

但是，母親在我小學六年級時過世。所以，我在沒有察覺到自己本質的情況下長大成人。

我在過三十歲後動了腦部手術。術後，只要我在病房休息，房裡就會灑落大量的金粉。

我覺得這一定是手術後遺症，拜託主治醫生幫我安排相關檢查。可是，完全找不出任何異狀。

之後去眼科檢查眼睛，還是找不到異狀。

難道是因為心理上有點疲倦了嗎？我也去精神科就診。可是，還是找不到任何問題。

當時的我，一直在否定看不見的世界。

就讀高中時，曾在教室跟朋友聊天聊到一半，腦中浮現對方家裡的格局。也曾經因為聽到某個男生的聲音說著「快點去！」得以逃過一劫。
這種體驗我有過好幾次。
可是，我否定了這些經驗。我以為這都是因為想覺得自己是特別的存在，是某種英雄情結。

但是，我能觀見的東西越來越多。
不只能觀見，也漸漸知道這些事物的意義。
在巴黎的時候，我在完全不了解的情況下觀見看不見的世界。
不過，在遇見精靈、得到協助的過程中，開始慢慢有所體悟。
看不見的存在，一直在幫助我。
人生一定會往好的方向前進。
在最棒的時機發生最好的事。
我們不需要一個人努力。

看不見的世界和看得見的世界連在一起。

這世界的構造，接二連三地展示在我眼前。

「看不見的世界」成為新的價值觀

我們活在極其幸運的時代。

這是能簡單取得大量資訊的時代。我們能做到很多事，也能去很多地方。過去不曾有過這種時代。

我在大學畢業後，沒有找工作就立刻進入家庭當主婦。

這樣的我能在開創事業後認識許多人，不是因為我很特別，而是因為我生在這時代。

有網路、智慧型手機，我們能輕易地吸收、學習新知，往任何方向發展，而且過程幾乎都免費。

我出生於製造業繁盛的地方，所以根本不知道進貨、加工製造後販賣以外的商業模式。

將看不見的知識當成商品，是全新的價值觀。

無論是離婚、帶著小孩到巴黎、成為公司經營者等，對當時的我來說都是過時的價值觀；換句話說，我將至今深信不疑的世界視為否定的對象。

可是，與花相遇，與精靈相遇，透過得知看不見的世界，我了解到並不是這回事。

看不見的世界，有全新的價值觀。

不對，它曾經是理所當然的價值觀，但隨著歷史變化，變得不再天經地義。因此，對現在的人來說，它是新鮮又不可思議的。

有人跟過去的我一樣，想否定這一切。雖然我是能量哲學家，但是能理解人們懷疑看不見的世界的心情。

現在應該有人在讀這本書時仍半信半疑，就算這樣也無所謂，因為我們也需要珍惜過往的價值觀。

你一路走來所相信的世界，沒有任何錯誤。

但是，現在你眼前出現了新的價值觀。

你現在得知花裡有精靈，有可能在得到精靈的幫助下使人生逐漸好轉。

這不是偶然，新的價值觀一直都在最棒的時間點出現。

新舊兩種價值觀，會一點一點走向調和。

你的價值觀正轉變成第三價值觀

回顧歷史，被認為時代轉變期的時間點總是伴隨著紛爭。

如今看似沒有戰爭，但只是沒出現軍事戰，科技戰、生化戰等看不見的戰爭都正在發生。

人類，不是因為想跟誰競爭才發起戰爭。

不過，當既有價值觀與新穎價值觀同時存在，無論如何都會出現對立。

對立最終以剩下一方收場。大多數情況下，剩下的不是淘汰新舊價值觀後的其中一種，而是兩種價值觀誕生出新價值觀。

對立引起摩擦，最終彼此調和。

同樣的情況也會發生在個人身上。

當既有價值觀與新穎價值觀對立，會引起摩擦，開始否定某一方或重新思考，身心都靜不下來。

然而，這個狀態不會一直持續，一定會以結合為一收場。

過去否定看不見的世界時，花跟精靈引導我走向調和。

我相信「人生要靠一己之力開拓」的價值觀，跟「人生所有早已決定好」的新價值觀，彼此調和了。

它們變化成「人類眼裡看到的、靠一己之力開拓的人生，其實也是早就決定好的，所以只要安心做自己喜歡的事就好」這第三個價值觀。

沒錯。至今相信的世界，以及新出現的世界，都沒有錯。

你「真正」的願望是什麼？

世界處於調和之中。
因為完美地調和，一切事物才能同時存在。
尚未決定的事不會發生。你的價值觀會走向調和，也是從一開始就決定好的。
看不見的世界不會否定看得見的世界。
你看到的世界當然是事實。
若現在你有「真正」想要的東西，而且實際上可以簡單到手的話，難道不會想知道得到的方法嗎？
你「真正」的願望是什麼呢？
曾經放棄過的那個願望，要不要從現在開始實現呢？
沒問題的，連我都做到了。我的顧客們也做到了。
你一定也能做到。
請花跟精靈來幫助你吧。

只要擺飾花朵就好。

在第二章，會更詳細告訴各位關於看不見的世界的真相。

讓花期持久的方法就是清洗、清洗、清洗！

我來介紹讓花期持久的方法。

用心做好吸水處理，或是以保鮮劑等延長花期的方法非常多。其中效果超群又簡單的方法，就是清洗、清洗，再清洗！

更換花瓶的水時，要清洗的東西有三樣。

第一是**清洗花梗**。將花梗上的黏滑感好好洗乾淨。最容易讓花朵受傷的就是細菌。細菌繁殖會傷害花，縮短花期，因此清洗相當重要。那些黏滑的東西就是細菌，請用水沖洗掉它們。

第二是**清洗花瓶**。換水的時候，有洗過花瓶內側嗎？不是用水沖沖就好，請用有洗碗精的海綿刷洗。有水的地方都有細菌繁殖。

第三是**清洗剪刀**。換水的時候，稍微修剪花梗做吸水處理能使花期變長，不過希望能用有洗碗精的海綿刷洗修剪的剪刀。如果修剪後直接把剪刀收起來，下次修剪花梗時，剪刀上的細菌就會黏附在花梗的切口上。所以，每用一次剪刀就刷洗一次吧。

如果擺飾的花總是馬上凋萎或枯死，請務必試試看清洗、清洗，再清洗！最近花的流通越來越好，花幾乎不可能在花店就開始變質，花農也非常細心地種植花卉。花來到我們身邊時，希望大家能細心又漂亮地對待它們到最後。

第二章

看不見的世界的真實故事

其實大家都知道，只是看不見

你喜歡美術館嗎？

我很喜歡，所以常常去美術館。最期待的作品，就是宗教畫。我尤其喜歡巴黎奧塞博物館，已經去過好幾次。

宗教畫描繪的神，身旁總會伴隨著花卉或植物。這種安排並不只是將它們當作華麗的裝飾。

花卉是豐饒的象徵，也意味著女性。

花的魅力不是只有楚楚可憐或純真的模樣，也表現出性欲或不道德等情欲；綻放之後凋零，又再次成為種子。

從這循環中，也能感受到生死。

另外，樹木是生命力的象徵。

當春天打破冬天的沉默到來時，樹木會冒出新芽，在盛夏時綠葉蔥鬱，到了秋天則落葉紛紛，再次迎接冬天的到來。這過程也表現出生命的循環。粗壯的樹幹，描寫生的世界，也就是看得見的世界；朝向天空茂盛生長的枝葉，描寫神的國度，我們看不見的世界。

這些植物，難道是單純作為象徵才被畫出來嗎？當然不是。這些構圖，是要傳達看得見的世界和看不見的世界常伴左右。

這些前人留下的作品，經常描繪看不見的世界。

好萊塢的強檔電影或日本的熱門動畫，有大量情景可以看出是由能觀到看不見的世界的人所設計。

強檔電影的背景，用「必描寫看不見的世界」來形容也絕不為過。

正因為踏入了九五％看不見的世界，才能讓故事發展變得合情合理。

比方說《神隱少女》。電影一開始，千尋的爸媽在路邊攤吃飯變成豬。路邊攤出現的黑色人影，其實存在於現實中。它會招手呼喚人類，引誘人們。

千尋的爸媽平常不會在沒有店員的店擅自用餐，可是，他們卻這麼做了。這都是因為黑影引誘了他們。

動畫裡並沒有任何說明，冷靜思考會發現有不少奇怪的場景。

即使如此，這部作品仍打動大多數人的心，因為大家都知道，眼睛看不見的世界是存在的，只是我們看不到。但其實，我們觀得到。

想以最短時間及最快速度成為原本的你，
就別試著去理解

那麼，我們就繼續講下去囉。

本章會告訴各位看不見的世界的真相。

可能會出現一些你沒聽過的名詞或概念，讀完或許也不懂其義。

不過，請先答應我一件事：

別試著去理解。

想必你會覺得，「嗯？我明明是想了解才看這本書的耶。」可是，希望你不要去理解自己不懂的事。

知曉跟理解不同。

理解跟做得到也不同。

所謂理解，是自然領會、認同的狀態，不需思考「因為A所以B」。

從得知到理解，需要經歷很多行動。

練習棒球的時候，就算怎麼拚命揮動球棒，一開始也無法如想像般順利打擊。

儘管知道「手肘的角度是這樣」「腳大概跨這麼寬」，就是打不到球。

可是，每天練習的話，某個瞬間就打得到球了。

做了九次也不懂的事，在第十次突然開竅。我相信你也有過這種經驗。

得知某個新事物，如果能立刻領會，是因為你在接觸它之前已經經歷過九次。

知道前就先經歷過了。

知道後也無法領會的事，是接下來要採取行動去體驗的事，因為你不管怎麼思考都無法領會。所以，才希望你不要去試著理解。

試著理解不懂的事，是以既有的知識跟常識去解釋的「繞遠路」方式。理解的速度會很慢。因此，暫時不要試著去理解，就算只在讀這本書的期間也好。

請你只記住能自然領會、認同的內容。

這些內容是現在的你需要的，其他的都是現在的你不需要的。

只記住能自然領會、認同的內容。這是為了走向原本的你，最近、也是最快的方法。

世界是怎麼形成的？

你知道地球是如何誕生的嗎？

大約四十六億年前，地球誕生了。

接連發生隕石碰撞，地表產生水蒸氣，厚厚地覆蓋著地表的大氣層，將這股熱能封印起來。當地表的溫度開始下降，大氣中的水蒸氣便一下子化為水，讓地球下起了好幾萬年不曾停歇的大雨。

海洋與大地出現在地表之後，又過了幾億年，第一個生命體誕生於地球。

這個生命體，就是植物。

雖然早期的植物不是花也不是草，是更原始、不用顯微鏡就看不到的微小細胞，但這個小植物開始創造出地球的一切。

從植物誕生，到我們人類出現為止，大約有三十幾億年，這也是植物創造地球的歷史期間。

生於海中的植物，為了行光合作用開始移動到陸地上。透過植物的光合作用，大氣中的氧氣增加，形成吸收紫外線的臭氧層，並逐漸創造出適合生命體孕育的環境。

在植物誕生約三十三億年後，花終於誕生了。

花的種子藉由風或水傳播到遠方，讓地球成為開滿花的星球。開花植物的數量，經由種子呈現爆發性成長，促進各式各樣的生物演化。

距今約五億年前，植物從海裡移動至陸地。

距今約兩億年前，是恐龍稱霸地球的時代。之後，人類的祖先在距今六百萬年前誕生。接著繼續演化，直到二十五萬年前，智人出現。

植物創造地球的時間，長久到人類的歷史無法比擬。誕生後消失，變化之後再度誕生，接著又消失。

地球耗費了令人失神般長久的時間，變成現在的樣子。

地球，是植物創造出的和諧世界。

跟看不見的世界連結的工具非常多，其中花木顯得格外特別，也是因為如此。

因為地球是植物創造出的星球。

而且，花增添了更多生命。

我們人類，是植物創造出的環境的一部分。

一部分無法遠離整體。

人類不可能在不與大自然共生的情況下生存。

從看不見的世界來看世界的起源

接下來，從看不見的世界的角度來看地球的起源吧。

這個世界全部由能量組成。

所謂「全部」，包含動物、植物、開心愉快的情緒，以及你我現在相遇的事實，還有人與人之間的關聯等所有事物。

精靈跟天使等看不見的存在，也是由能量組成。

重點在於，不管看不看得見，所有事物都是由同一種能量組成。

這世界上的全部，都是同一種素材做成的。

據說宇宙的起源來自大爆炸。

因為發生了大規模爆炸，宇宙空間因此誕生。

簡單來說，宇宙中所有東西形成的聚合物爆發之後，大範圍分散在各處，這就是宇宙。

雖然宇宙空間現在仍持續擴大，但是構成宇宙的全體物質數量卻沒有增加。它們就像邊被稀釋邊擴散一樣。

為什麼原先是一整塊的東西，擴散之後會變成別的東西呢？

因為**看不見的能量在打造看得見的姿態**。

花一直都是花。即使是種子狀態，即使盛開凋零，也不影響它是花的事實。花一直是花，花的本質沒有任何改變。

可是，看得見的姿態卻時刻在變化。

你應該遇過明明還是花苞，稍微撇開視線的瞬間就盛開的情況吧。那是因為能量的狀態改變，所以姿態也跟著改變。

花的本質沒有變化，也沒有任何增減。

不過，我們的眼睛只看得見這世界的五％，只能看見一小部分而已，所以才將凋零的花看成結束。

地球的起源也是如此。

宇宙能量變成看得見的狀態後，出現了宇宙空間。然後耗費長久時間，能量狀態逐漸變化，形成現在的宇宙。

原先只是一個能量塊。

這個能量狀態變化之後，創造出宇宙，創造出地球，創造出植物。**最先變化成看得見的生命的，就是植物。**

動物在植物之後，出現在這個五％的世界中。

我們的根源來自植物。所以，同為植物的花，比起其他任何工具都能更簡單、確實地連結看不見的世界。

這個世界跟那個世界都從一大塊能量源頭誕生

存在這世界上的所有東西，一開始都屬於同一大塊。

這一大塊稱為「源頭」。

世界是由能量組成，所以源頭也可以說是能量塊。

地球、植物、人類跟所有事物，都是從源頭迸發出來的存在。

原本就是一整塊，代表這世界的能量總量不變。能量往來於看得見的世界跟看不見的世界，在看得見的世界中改變姿態。

用「這個世界」來表示看得見的世界，用「那個世界」表示看不見的世界也無妨。

因為這個世界跟那個世界，都是由同種能量構成的。

我們活著的時候和死亡後，都是以同種材料、同能量組成，差別只在於看不看得見罷了。

人類也是從嬰兒逐漸成為幼兒，最後改變姿態變成大人。可是，你這個人的本質，從出生到死亡都不會改變。

因為能量狀態改變，所以姿態也會改變，不過**你一直都是你**。

從很久很久以前，人類就在挑戰「何謂生」這個疑問。

讓生命變成生命的根源是什麼？是什麼在促使我們行動？生命結束後會

去哪裡？……許多賢者追求這個答案，時而為此爭論不休。
人類歷史的背後，一直都有這個疑問存在。

生命的根源就是「源頭」。
這個世界的所有，都來自源頭。
源頭是能量塊，所以肉眼看不見。
可是，源頭也有能讓人看到的部分。
那就是五％的世界。
現在在你眼前的世界，也是源頭的一部分。
人類永遠只能看到一部分。
就連光的波長，人也只能看見紫色到紅色這段，昆蟲的話可以看到更多。就跟這情形一樣。
不過，偶爾會出現像我一樣的人。
因為是生物，即使同種類也當然會出現個體差異。這在自然界不是什麼特別的情形，你身上一定也有其他人沒有的一面。

這個差異是為了讓人活得更像自己，也是你出生在這世上的理由之一。

看得見的世界跟看不見的世界，都來自源頭，意味著人類的世界跟神的世界，也一樣來自源頭。

也就是說，不管哪個世界都一樣。萬物皆為一體。

只有看得見跟看不見的差異，所有世界都相連在一起，不曾分離。

因為沒有分離，所以精靈才能來往不同世界。正因為看得見的世界跟看不見的世界同時存在，人類才能感覺到看不見的事物。

花與精靈位於看得見及看不見的世界的交界

現在，「要珍惜大自然」「要活得環保」之類守護地球環境的活動，已成為理所當然，人的意識也漸漸在改變。

為了發展，人們「利用」植物一步步改造地球。但是發現好像哪裡不對勁，那些對發展有利才做的事情，開始折磨我們。所以才開始從「利用」，慢慢步向「共生」。地球是植物創造的星球。原本地球上全都是植物，所以不可能在不與植物共生的情況下活在這世界，因此我們開始轉換方向了。我之所以撰寫這本書，也是這股巨大潮流的一部分。你會拿起這本書當然也是。

講到「利用」，可能會以為是人類犯的錯，但其實不然。我們並沒有一路破壞地球環境。能量的總量是固定的，沒有任何增減，只是往來於看得見跟看不見的世界，看得見的姿態有所變化而已。大自然看起來好像變少，實際上並沒有。地球環境沒有被破壞，它只是轉換成能量狀態，使看得見的生態系出現變化。而現在又試著有所改變。

接下來，我們將走向與自然共生。大多數的人也會漸漸發現，**與自然共**

生就是跟看不見的世界共生。

不過，就算跟自然共生，生活也不可能突然變成繩文時代。我們需要車子跟高速公路，需要網路跟智慧型手機，也很難每天每餐都開伙。

因此，希望你能擺飾花卉。

處於看得見跟看不見的世界界線上的花與精靈，會幫助你與看不見的世界相連，也會促成彼此共生。就像湊齊了所有拼圖般，你會開始了解人生的意義所在。

與看不見的世界相連後，至今體驗過的所有事情都會變得合情合理。

世界的運作機制——即使看不見，只要知道就如同觀見

我平常都在告訴大家能量哲學，這是從看得見的世界跟看不見的世界兩面來解釋世間的人生哲學。

即使只知道看得見的世界，人還是活得下去。但是如果能得知占有壓倒性比例的看不見的世界，應該能更安心地過活。因為這個想法，我開始將這世界的運作機制文字化並系統化，衍生出的就是能量哲學。

只在看得見的世界努力，偶爾會遇到不順利的時候，這是有原因的。因為看不見的世界比看得見的世界更深廣，而你卻「不知道」。

可是，只要藉由本書知道這世界的運作機制，你已是「就算看不見，但

知道就如同觀見」的狀態了。

第一章說過，觀見看不見的世界的能力並不特別。體感本身就是「觀」。而且，「知曉」能讓看不見的世界，開始存在於你的世界。

「到某個地方旅行的時候，那片土地的空氣感覺特別清透明朗」「進入廟宇神社的瞬間，聞到了一股香氣」「突然想起的人寄了電子郵件給我」之類的情況，全都是觀。

看到花的時候覺得很漂亮、很可愛；不經意看到放在廚房吧檯上的花時嘴角跟著上揚；看到飯店氣派的裝飾花卉發出感嘆等行動，都是因為你藉由眼睛、鼻子、耳朵、身體，整體在觀花。

所謂「觀」，是指用五感跟第六感感應到的所有感覺，並非只賦予特別的人的特殊能力。

可是，畢竟人類超過八〇％的知覺都靠視覺，所以如果不是用眼觀，當然會擔心自己的感覺是否正確。

因此，請用本書來填補這個不安。

你的感覺是對的。你沒有錯。

說實話，連我在說的，你也「已經知道了」。

雖然知道，可是無法文字化，所以你覺得自己不知道罷了。

這個世界是滿的

現在你拿著這本書。

你認為你跟書是不同的存在，你跟書之間是空無一物的空間。

實際上卻不是這樣。

你跟書之間，空無一物的空間並不存在。

我說過，這世界全都是由能量組成。

為什麼明明是以同種能量組成，外貌卻不同？那是因為能量狀態不同。

能量會化為眼睛看得到的姿態。

現在你手中的這本書，也只是因為跟你的能量狀態不同，所以姿態看起來不同。

從能量的觀點來看，你跟書完全是同種素材。你跟書之間看起來存在的空間亦然。

一切都是由能量組成，而狀態屬於肉眼能看到的「你」「這本書」「空間」。

總而言之，沒錯，這世界沒有空隙。世界滿滿都是能量，僅分為看得見跟看不見的狀態。

一切都是相同能量所組成，意味著我可以說，我是你，你也是我。

我是世界，世界是我。

我是花，花是我。

我是神，神是我。

所以，這世上沒有我的存在也可以。

大家可能聽過，「世界是照映出自己的鏡子」的說法，這也對，因為萬物皆同。

從剛才開始，你一直在聽我說話對吧。
因為我就是你，所以我對你說的事情，從一開始就是你的想法，偶然從我口中說出來而已。因此你才能讀到這本書。

金錢問題、健康問題、人際問題
——都是同一個問題

小時候，我總為人們區分自己跟他人而感到不可思議。
因為在我看來，大家都是一樣的。
這世界到處都是滿滿的能量，毫無縫隙，我不知道哪邊算自己，哪裡開始是別人。現在回想起來，我是個讓人傷透腦筋的小孩。即使告訴我要珍惜自己、把自己放在最優先，我也不知道是什麼意思，珍惜自己跟珍惜別人明明都一樣啊。
長大成人後，我已經能區分自己與他人，可是到現在還記得小時候的那種感覺。

而且，我非常珍惜那種感覺。因為，知道無你我之分，對於以原本的狀態生活來說很重要。

人生之所以會混亂，是因為將看得見的事物當作個別存在的問題。金錢問題、健康問題、人際關係問題……這些其實不是個別存在的問題。

因為萬物皆由同一能量組成，一切彼此相連。

不過，人總是將每種情況視為不同的問題，試圖去解決。

這樣做會有什麼結果呢？你的人生會變成為了解決問題的那種人生。

當然，你活著不是為了這種事情，是為了跟重視的人建立溫和的關係，為了實現自我，為了單純又休閒地享受流逝的時光。你是為了這些喜樂才存在的。

另外，你自己、伴侶、小孩、朋友、工作、雙親、興趣、健康等，這些也不是分開的。

因此，希望你不要分別去珍惜它們，而是將一切視為一體去珍惜。

所謂將一切視為一體，意味著知道這個世界滿滿都是能量，知道萬物皆由相同能量所構成。

知曉之後，理解的瞬間必定會到來。

人生的腳本與無限的可能，一半正確一半不正確

「人在出生的時候，人生腳本早已註定好了。」是不是曾經在哪裡聽過這個說法？

這句話一半正確，一半不正確。

這世界沒有任何縫隙，萬物皆為一體。換句話說，沒有什麼個人的腳本。

即使有世界整體的腳本，我們也不會有各自的人生腳本存在。

「人生有無限的可能。」

說不定你也聽過這句話，這也是一半正確一半不正確。

如果人有無限的可能，就寫不出一套劇本。如同一場舞台劇，若演員們自由發揮、增添台詞的話，就無法演出了對吧？

為何一半正確一半不正確，是因為觀點不同。

看得見的世界的觀點，是我們人類的觀點，往往無法脫離主觀，將人生看成以自己雙腳一步步前進的東西。

另一方面，看不見的世界的觀點，是能量的觀點，將整個世界當成一個整體，不去區分。

所以，人生腳本在出生時就註定好的想法，還有人生有無限可能的說法，都不能說是錯誤的。

可是，這些都是看得見的世界的觀點。

看得見的世界占五％，看不見的世界占九五％。

以看得見的世界的觀點來看，若是想看，連細節都能看見。要不要拿起這本書、現在要不要喝咖啡，這些細微末節的小事都能看得很清楚。而要不要跟這個人結婚、要不要到這間公司上班，對整個世界來說的小事，對個體人生來說卻是大事。

像這樣，用微小的自己的小眼睛看世界，才會覺得在無限大的地方，有著無數的選項，人生也有無限的可能……但是，這只是五%而已。

看起來好像是自己下決定，自己在前進，實則不然，因為能量的總量不會改變。

萬物都是由能量構成，這個「量」是有限的。在有限之中的我們，不會有無限的可能性。

你喜歡的東西，其實是「讓你去喜歡」的。

你想做的事情，是「讓你認為自己想做」的。

是誰這麼做？是整體的腳本。

是誰這麼做？是源頭。

是誰這麼做？是看不見的世界。
或許你會認為：「這些都無關我的意願囉？根本是無稽之談！」也並非如此。
因為，整體的腳本也是你的腳本。
一切都在有限的調和中發生。
身處有限之中，意味著可以安心地做自己喜歡的事，選擇自己的愛好。

全部都是決定好的。無論你選擇什麼都不會改變結果。
選擇辛苦難行的路，跟選擇安全輕鬆的路是一樣的。
沒有原因，也沒有結果。
你可以放心地做自己喜歡的事，可以安心地選擇自己的愛好。
不會發生任何恐怖的事。
你現在就可以過得很幸福。

人生持續往好的方向前進

在這裡要告訴大家一件重要的事：**能量沒有任何想法**，沒有「去那裡好像比較好」「這裡似乎有點辛苦所以幫助他吧」之類的想法。

此外，能量時常流動，不會停下來。

沒有任何想法、經常移動，就是能量的性質。

請想像一條河川，將河川中流動的水當作能量。

現在，河底出現一個洞。

這個洞，假設是你的問題，或是你的失敗。請將自己感覺到的缺陷，想像成那個洞。

川流不息，水流動時絕對不會繞過河底的洞。水會先把洞補起來。它會將你認為是缺陷的問題或失敗，填補起來再流過去。

能理解這是怎麼一回事嗎？

這意味著，**你認為是問題的事情，就算置之不理也一定能解決**。

在你認知為問題的當下，在你了解出現一個洞的時候，事情已經往解決的方向邁進，且已經開始解決了。

所以，其實不用多做什麼，問題也能解決。

不過，人們因為看不見能量流動，所以會急著去做些什麼。

人生持續往好的方向流動。

因為能量的動作就是如此，一定會往好的方向前進。

雖然從能量觀點來看，人生沒有個人專屬的腳本，也沒有無限可能，不過沒有也無妨。

人，無法一個人變幸福。

可是，大家一起變幸福卻很簡單。

這世界是滿的。

我們不是活在一定要一個人努力生活的嚴苛世界。

多多託付能量的流動吧。
人生是溫和、極其簡單的。

現在就是一切

雖然能量總是毫無想法地流動，但有改變能量的唯一方法。那就是「觀察」。所謂觀察，是指看、專注、感覺等集中意識的行為。這一點都不難。比方說，假設現在你的手腕很痛。你會感覺「啊，手腕好痛喔」，這就是觀察的開始。

接著，繼續觀察這個疼痛。身體的疼痛不會一直在同個地方以同種強度出現，要追蹤疼痛的變化。

「啊，疼痛跑到右邊了」「原本是刺痛，但現在好像變抽痛了」，像這樣繼續追蹤這些變化。然後在某個瞬間，疼痛會開始減緩或突然消失，應該可以想像吧。

小孩子肚子痛的時候，會請媽媽用手揉揉肚子，這也是觀察的一種。

能量總是在動，我們觀察時可以加快能量的流速。阻塞的能量，就算放著不理也會繼續流動，但若是去觀察，就能讓它流得更快。

河川的水也經常在流動，讓底部的洞得以自然填滿，如果去觀察，就可以早點填起那個洞。疼痛也能經由觀察早點消失。

如果喜歡看不見的世界，你應該知道「淨化」跟「療癒」這些詞。其實淨化跟療癒都是在觀察。

藉由觀察加快能量的流速，讓停滯的能量得以再次流動。看不見的世界的運作機制，就是這麼簡單。

觀察、淨化、療癒、治癒、媽媽的呼呼，這些行為引起的現象都一樣。

究竟要觀察什麼才好呢？要觀察的就是自己。

不光是除去身上疼痛的時候，想幫助某人減輕悲傷或痛苦時，也要觀察自己。

還記得這世上的一切都是由能量組成，且跟源頭相連吧？雖然看不見，但這世界是滿的。

觀察自己，等於觀察某個人；觀察自己，也能知道這個世界。

透過觀察自己，療癒他人的悲傷與痛苦

我在接到淨化的委託時也一樣。

本來能量就不分好壞。

可是，當現實生活出現問題時，就要排除造成問題的原因。淨化的方法就是觀察。跟客戶同調之後，我透過觀察自己來疏通停滯的能量。我做的就只有這樣。

觀察對象是自己，所以才能知道能量疏通與否。

即使觀察別人，也不知道疼痛或痛苦到底有沒有改變，因為觀察的是自

己才會知道。

有一點希望大家注意：並非任何時候都能解決所有問題。如同發生的事會在最棒的時機出現，如同這世上的腳本已經決定好，彷彿沒有偶然一樣，所有事情都是應該要發生才會出現。

因此，如果持續保持在某個狀態，不管觀察多少次也無法解決問題。不過，請不要覺得挫折，能量仍在流動著。在你還沒察覺到的地方，一定會得到某個結果。

觀察後不會什麼都沒發生。

你會隨著時間慢慢開始察覺到這件事。

簡單來說，能夠察覺這些，還是需要大量的練習與資質。可是，如果只處理自己，每個人都做得到。

觀察自己，就能療癒自己。

並變回原本的你。

時間是人類創造出來的幻想

疏通了停滯的能量之後，能量的流動會變得通暢，這就是調整好的狀態，是原本的你。

以原本的你生活，只會變得很幸福。

假設你是一根管子。

藉由觀察，把堵塞住的東西去除之後，調整好的管子會開始流進大量的能量。

不需要的東西塞在管子裡時，能量無法筆直地流動。

明明是拚命三郎，但一直無法累積成果；明明是和藹可親的人，卻很怕生；明明比誰都溫柔，卻無法表達自己的情感。「明明是」可以做到的事，卻完全做不到。

無法發揮應有實力而毫無成果；因為怕生，遇不到應該相遇的人；無法傳達愛意，結果建立不了關係……這是多麼哀傷的事。可是，如果是做好準備的原本的你，就能毫不勉強地做到應該做得到的事。

透過觀察，可以讓你做好準備。
但是，觀察的意義不只這點。
經由觀察，我們可以將意識拉回「現在」。

有過去，有現在，有未來。
每個人都這麼認為。
出生時是嬰兒，隨時間長大成人，才有現在的自己。爾後年歲增長，逐漸老去。
大家應該都深信不疑地這麼認為吧？
可是實際上，時間並不存在。
時間是人類創造出來的幻想。

眼前有這本書。
當你認知到有這本書的瞬間，你和書之間會產生距離。
把書認知為與自己不同的存在的瞬間，就會產生距離，這個距離會變成時間。

世上的一切都由能量組成，全都和源頭相連。

世界是滿的，我是你，你是我。

以能量觀點來看，雖然世界是一體的，不過人類的眼睛只能看到自己跟自己以外的存在。

實際上，時間根本不存在。不過，在人類的眼裡無論如何看起來都有時間的存在。有點難懂嗎？沒關係，請不要試著去理解。維持不理解的狀態，抱著「是這樣啊」的想法，繼續讀下去吧。

「現在」這個瞬間就是全部

這世上只有「現在」。

現在就是一切。

不管是現在，還是嬰兒的時候，或是小學時，以及某天變老，全都是「現在」。

曾經有人問我：「為什麼你知道這麼多事情？」
畢竟我是人，沒辦法來往過去或未來，也不可能預見未來。我只理解現在就在眼前。
無論什麼時候，觀見的都是現在。
我無法化身為客戶，用眼睛看也看不到什麼。
但是現在即一切，所以我能藉由看不見的世界、藉由能量，透過觀察自己來理解客戶以及世界。

這不是因為我是能量哲學家才做得到。
你也能理解眼前的人。
好像很開心、好像在傷心——不只是表情，你能從整體的感覺來感知情緒，察言觀色。
就算初次見面的人，在相遇的瞬間，即使不用交談也能感受到對方是哪種人。第一印象不會錯。開門的瞬間，就能感受到房間裡的氣氛，對生活的用心程度不會只靠東西的多寡或擺設來決定。

為什麼你能理解這些事呢？

因為你身處「現在」。

因為意識位於現在，才能理解。

只要稍微將意識放在過去或未來，便感覺不到這些感受。

眼前有一杯咖啡，對人類來說，其實很難玩味這個事實。

「今天早上念孩子有點念過頭了」「回去後得立刻傳電子郵件給上司才行」「今晚要吃什麼呢」等想法，讓我們沒辦法享受眼前的這杯咖啡，總是往來於過去及未來。

身處現在，不是簡單的事。

藉由觀察回到現在，調整自己

將意識集中於現在的方法有很多。

靜心跟正念都是其中一種。我在印度學到很多種靜心方法，有很棒的體驗。

透過身處現在這個瞬間，腦內會開始靜寂下來。

能感受到與全體相連的意識。

可是，其實我對靜心很不拿手。明明知道意識專注於現在的舒適感，但開始靜心前的準備根本是折磨。必須為了靜心騰出時間、調整好空間、放音樂、跟著步驟……對怕麻煩的我來說根本做不到。

不過，觀察很簡單。不管在走路，還是在搭電車，連做家事的時候都能馬上進行。

觀察自己，只要這麼做，意識就會回到現在，真的非常簡單。不需要調整音樂或空間，一天可以做好幾次。

這意味著一天內，你可以無限調整自己。

調整的時間一長，就能理解哪種狀態是準備好的自己跟原本的自己。

當你理解自己原本的模樣，人生就任你擺布了。

無論發生什麼事、沒發生什麼事，都能安心生活。

關於觀察，請參考第三章。

接下來要告訴你具體的方法囉。

以原本的你生活——跟著「不經意」走，人生就完美

藉由觀察，可以疏通停滯的能量，人也會開始調整自己。

透過觀察，人的意識會回到現在；換句話說，身處現在就能調整人。

這跟擺放花朵一樣。空間裡有花，就能調整好整個現場。精靈運來神的能量，可以疏通停滯的能量。

觀察跟擺放花朵，都能調整人。

以原本的你生活，觀察力會逐漸增加。

例如不經意注意到手機時，就收到電子郵件了。

不經意走在平常不會走的路上，就偶然遇到朋友。
不經意被巴黎吸引，就成為花藝師了。
我們在人生的各種場合，得到許多不經意的指引。
那你知道這個不經意，到底是什麼嗎？

「不經意」在日語漢字寫作「佛圖（ふと）」。
這是來自神的訊息。
所以，其實只要跟著不經意走，人生就會變得完美。可是，人總會忽略掉不經意。
即使覺得不經意是很棒的事，也會立刻想到「可是」。
一天內，這種情況一定發生過很多次。
以原本的你生活，就不會再錯過不經意了。

精靈讓你發現「不經意」

我決定前往巴黎，也是一種不經意。

告訴他人自己帶著三歲孩子移居巴黎的時候，大家會說我很厲害，我自己也這麼覺得。

如果現在要我做同樣的事，說不定我做不到。不過當時，我只有前往巴黎這個選項。

因為我有觀察力？說不定是這樣。

可是，當時我不知道觀察這個概念，所以也不知道是不是這個原因。

只不過有一點我非常明確，就是那時我已經跟花在一起了。

人生中應該有好幾千、好幾萬次，感覺到不經意才對。

但是大部分的不經意都被無視了。

雖然如此，那時的我卻率直地跟著不經意走。

一定是花跟精靈開始幫助我的關係。

不經意看見了巴黎跟花。

從那時起，花跟精靈就出現在我的人生中。

精靈察覺到我率直「想試試」的想法——「想改變人生」「想做些什麼」「想變幸福」，然後幫助了我。

觀察很重要，擺飾花朵也很重要。

這兩種做法是一樣的。不對，能做到這兩件事更好。

擺飾花朵，然後觀察吧。

跟著「不經意」，我的結果是滿分，人生從此搖身一變。

原本以為會一輩子渾渾噩噩，人生卻變得很幸福。

你會拿起這本書，也是因為開始在意不經意了嗎？

如果是這樣，搞不好精靈已經開始在幫助你了。

會說話的屋久島

來說另一個跟隨不經意的故事。

幾年前，我在朋友的介紹下參加了屋久島的旅遊。

屋久島是那種一定要去看看的夢幻場所。我覺得哪天一定要去——是哪天，不是現在，就是哪天（笑）。

明明連登山也沒去過，我從沒想過自己竟然會突然跑去屋久島。

可是，因為不經意覺得想去，所以就下定決心參加了。

我全身上下穿著全新的登山用品。

送到手上的行程，竟然是來回十小時的登山，以及在深山木屋住一晚。

說是深山木屋，不是你想像的那種木屋。

是沒有隔間，只用混凝土蓋成的避難小屋。

要睡在哪裡呢？睡袋？水泥地上？要睡在那種地方的話，我還是放棄登山好了……雖然開始有點退縮，但是靠著祈禱一定有辦法度過的心情，抵達了屋久島。

但是，我在登山道的入口處明確地理解到一件事。

我根本不用擔心，今天的登山也會中止。

因為，當我站在入口時，山上的精靈開口說話了。

「今天不行喔。請回去吧。」

因為距離太近，我看不到祂的全貌。祂是個非常巨大的精靈。

小鳥跟樹木也開始向我搭話：

「今天不行喔。」

「因為等下就會下雨了呀。」

「回去比較好唷。」

「很危險喔。」

我特地搭飛機到屋久島來耶！

對初次見面的團員說：「因為精靈跟小鳥說回去比較好，我們要不要放棄呢？」這我實在說不出口！可是又一定會中途折返……於是帶著開心又有點複雜的心情，一步步走在鐵路步道上。

在屋久島登山，要先經過鐵路步道。

這條鐵路步道是為了自炭坑運送石炭下山而鋪的單線礦車軌道。觀光書上寫著：「這條路很無聊，許多人會感到膩。」但根本沒這回事，我還是第一次遇到這麼愛說話的森林，根本沒有生膩的時間。

雖然有點擔心之後的路程，但是進入森林的瞬間，不安的情緒一下子就消失了。不只山上的精靈、小鳥與樹木，就連路旁的花朵以及跟花木在一起的精靈都感覺很快樂。看著祂們就覺得很開心。

我想你也有過這種經驗。

人在大自然裡，腦中會變得一片靜寂。

在壓倒性的大自然面前，人會停止思考。

意識會回到現在。

變得只能看到眼前的事物，脫口而出的只有「好漂亮」「好厲害」等片語。

因為我跟從「不經意」，來到了想探訪的屋久島。

與山中精靈相遇，和小鳥、樹木說話，被無可匹敵的大自然療癒。當然也認識了一起參團的人，並在留宿地點遇見一位法國作家。跟法國的緣分就此延續，隔年便前往巴黎。

而在巴黎的地鐵上，跟偶然坐在眼前的法國男子交換了聯絡方式。很喜歡日本的他，每到日本一定會聯絡我。

「不經意」會逐漸拓展我們的世界。

對了，之後登山果然中止了。

山上下起了近年少見的豪雨，雨大到連地表都冒出水來。

在沿著原路走回去的路上，我跟領隊還有團員說了整件事。大家笑著說：「這種事真的說不出口呢。」

精靈就在你身旁，一直都對人類很有興趣。

需要的話，還會出手幫助你。

想不想得到精靈的幫助呢？

要不要試著觀察看看呢？
要不要試著回到現在呢？
要不要以原本的你生活看看呢？
只要擺飾花卉，就能與真正的你相遇。
花蘊含著這種力量。

第三章

改變自己與世界的能量

觀察自己與世界的練習

聽從他人的話活著，便沒辦法以原本的自己生活。

我們是用語言思考、用語言溝通的生物。

因此，如果照著別人的話來生活，就會活在別人的人生中。

過去否定看不見的世界，我也否定了自己的人生。比起眼前發生的現實，我更相信在某處耳聞目睹的事情。

因為是下意識的行為，也無法察覺到這個事實。

什麼都感覺不到，仍埋頭繼續衝刺的那段時間，現在回想起來是必須體驗的，但對當時的我來說，是非常艱辛痛苦的時期。

可是，我也不知道為何痛苦。

拿起這本書的你，應該是對看不見的世界有興趣吧。跟以前比起來，理解相關話題的人雖然增加，但仍算少數。

不過，我覺得大家已經開始察覺到了。

察覺到一直以來的做法已經到了極限。為了讓一切更好而努力，卻一點都沒有變好，絕對是哪裡有問題。

「我應該變得更幸福的，為什麼沒有？」

的確如此，不應該是這樣的。

現在的你，說不定是幸福的。

可是，還能變得更幸福。

而且，可以永遠都很幸福。

幸福會一直持續下去。

別人會告訴你，人生就是好事壞事都會發生。

但是，事實並不然。
人生必定會往好的方向流動。
這就是能量的運作機制，我也這樣說過。

請再多多觀察世界。
不是聽從別人告訴你的話來活著，練習運用自己看到、聽到、感覺到的來生活。

為了練習觀察，我才寫這一章。
這是讓你觀察自己跟世界的方法。

讓看得見的世界更加豐富

讀完第一、二章之後，如果不了解看不見的世界，請儘管放心。你還在讀這本書，代表你還在看、在觀察。
只要觀察，能量就會有所動作。這是必然的。

開始動的能量，在自然停止前會一直流動。

即使不理解也無妨。你需要的，會在最棒的時機出現在眼前。

到現在為止，我說了關於花、精靈、能量、源頭、觀察，這些說不定幾乎都是你第一次聽到的事。

但是，從這裡開始會一下子變成相當貼近生活又很好理解的內容。是有關看得到的物質方面的事。

我們人類帶著肉體，誕生於地球上。

再怎麼說「世界皆為一體」「人只會變得幸福」，實際上，眼前的現實沒有變好的話，這些話就完全沒有意義。

我們的目的始終只有讓看得見的世界更加豐富。

想要錢，想要美貌，想要良好的人際關係，這些都是一般的目的。變成聖人君子則不是目的。

說到看不見的世界，很多人會覺得是虛幻的，是精神層面上的事，不過並非如此。

我一直在說的，都是你的事。我只是以看得見與看不見這兩個角度，來講述你眼中唯一能看到的現實。

我在說的是同一件事。所以，看不見的世界能量狀態很好的話，看得見的世界的姿態、金錢、美貌、人際關係等不可能會差。

相反亦然。怎麼做才能讓看得見的世界變好呢？去接觸看得見或看不見的任一邊就好。

如果是金錢，就實際埋首努力工作，或是去觀察跟錢有關的能量狀態。

若還有點從容，兩邊一起做最好。

更深入一點，明明有錢卻沒有美貌、明明有美貌卻人際關係很差、明明人緣好卻沒有錢之類的情況，根本不可能發生。

因為萬物皆相連，這世上的一切都跟源頭連結。

可是，大部分的人某方面很拿手，某方面卻很不擅長。

擅長工作但不善於人際往來，雖然長得好看卻沒有錢。

首先，請知道這是很奇怪的。

沒有全都不拿手，或是一無所有的人。

你擅長的是什麼呢？你有美貌嗎？還是有好友呢？工作順利嗎？

你能做到這件事，其他事一定也做得到。你只是認為自己不是這種人、不拿手、做不到而已，其實你已經做到了。

解決問題不是人生。

將一切化為一體才重要。

解決問題的人生，無論何時都會引發一樣的問題。用觀察跟擺飾花朵來調整好自己吧。

沒有讓人生變好的方法，因為人生變好是理所當然的，我們要做的是去除妨礙人生變好的東西。

色彩，快速又溫柔地影響著我們

要觀察哪裡才好呢？

要擺飾哪種花才對呢？

推薦的花是什麼？

關於以上內容，我將用顏色來說明。

花的美，分成香味、質感或外型等各種類，其中又以顏色最具代表。春天櫻花盛開，華美的粉色映入眼簾的瞬間，即使每年看仍令人一陣心動。

色彩，快速又溫柔地如擁抱般影響著我們，彷彿一開始就是如此。

我們的能量也有顏色。

還記得「觀」，是用眼看、用耳聽的體感吧？

「觀」會有這麼多組合，意味著被觀的能量也有各式各樣的表現方法。

其中之一就是顏色。若能以宛如一開始就是這種狀態，將能量的顏色跟花的顏色相連，即能毫不費力地影響現實。

「毫不費力」是重點所在。如果擠壓水管，就流不出原本該有的水量。

你會累嗎？不可以勉強自己喔。

暫時闔上書，泡杯好喝的茶吧。

請潤潤喉，享受茶香，感受「現在」。覺得「啊～好好喝喔」，這就是感受現在，身處當下。

好，就從重新翻開這本書的人開始。首先是關於氣場。

所有人都能立刻上手的看氣場方法

我一直覺得很有趣，一講到氣場，幾乎所有人都覺得是從身體散發出某種模糊的東西。不是這樣。氣場不是身體散發出來的，是眼睛看不到的一部分。

請想像一下，在你眼前有個能量塊。這個能量塊，換言之就是你的本體。肉體不是本體。能量塊中心有個恰巧呈現人類外型的部分，才是我們所謂的肉體。

然後，肉體之外的部分是氣場。你作為人類的尺寸，並非眼中看到的身體尺寸。

有那種體型小但很有魄力的人吧？還有那種不發一語、光坐在那裡就很有氣勢的人。這種人通常被稱為「自帶氣場的人」，這稱呼一點都沒錯。

能感受到這點，代表我們沒有被看得見的東西局限了自己的世界。

本質氣場與現況氣場

曾經有人問我：「我的氣場顏色是什麼？」

氣場分成兩種，本質氣場跟現況氣場。

你的本質氣場不會改變，何時觀看都是一樣的顏色。

可是，現況氣場卻是時時刻刻在變化，會因為你的情緒，也會因為身體狀況或現在專注與否而改變。

本質氣場跟現況氣場並非一個人只有一種顏色，幾乎都是多色呈現。例如整體來說是藍色，但右半身帶了點紅，手則是黃色等，因人而異。

氣場是你的一部分，簡單來說像個性測驗。

「這個人總是很有精神又天真無邪，所以是黃色吧？」「冷靜沉穩很有判斷力，所以是藍色吧？」顏色本身大致上有著既定印象。

顏色給人的印象，與人相符的機率相當高。

看到紅色便感到很有活力，看到白色就覺得清純或潔淨。

綠色是調和、黑色是知性等，不需言語說明也能憑感覺感受到。

我們看到某個顏色就會有某種想法，是因為實際上有那個顏色的人，身上會出現如同顏色印象的特質。

這觀得到。大家透過經驗，共同擁有這種想法。

是的，每個人都看得到氣場。

也有聽到方法後，立刻就看到氣場的人。

因為非常簡單，所以在這邊教各位。

不是模模糊糊看得到，是像你現在手中的書，或是剛剛喝茶的茶杯那樣，看得一清二楚。

這樣做就能看到氣場

那麼，試著來看手的氣場吧。

放鬆的話能看得很清楚，所以推薦在泡澡時邊泡邊觀察。

請準備沒有紋路的白色牆面。剛開始用沒有顏色或花紋的背景，會看得比較清楚，所以將手擺在白色牆壁前面仔細看看。

氣場的形狀形形色色。

比起圓圓地包裹著手的樣子，更多人會沿著手的輪廓看到氣場的顏色。

也有人看到手散發著蒸氣的樣子。

請片刻不離地仔細看著手。

看看指尖，看看手掌，看看手心，仔細且慢慢地看著手的每個地方。不需要刻意錯開焦點讓視野變得模糊，只要片刻不離地看著手。

以上就是觀氣場的方法。

用這個方法觀到氣場的人相當多。更正確來說，是開始察覺到觀見。目前為止都看不到，只是因為不知道自己看得到。僅是如此。

氣場，有時也會像噴水般從指尖噴出來。

也能在指間像變形蟲一樣越弄越黏。

先將雙手放在臉前合十，再往左右打開，氣場會像拉糖般軟綿綿地飄在空中。

還可以把我的氣添加到你身上。

在漫畫或動畫中，有集氣後打在敵人身上，或是將氣丟出去黏在東西上的場景，那些實際上都做得到。

以觀得見的人來看，那不是在戰鬥，只是一般生活中會發生的事——雖然平時不會這麼做（笑）。

擺飾花朵，添加氣場的必要色彩

想在工作上衝刺，就擺紅花或紅果

「穿紅色的衣服會很好喔，包包的話不要黑色的就好。」

我常常告訴顧客現在需要的顏色。上花藝課時，也會配合當天來上課的人，準備適合對方顏色的花材。

紅色分成很多種。

有像顏料一樣濃郁的紅色，也有像石榴果實般淡淡透明的紅色；有正向樂觀的紅色，也有沒這種感覺的紅色。
色彩的世界很複雜，人們覺得那種複雜很美。
那種美，是美之中蘊含著意義。

另外，氣場不是人類專屬的東西。
花跟樹，就連地球也有氣場。
紅花與紅果的氣場是紅色。
黃花與黃果的氣場是黃色。
氣場可以自由增添，只要配合期望的現實添加色彩就好。
有人會覺得：「這麼簡單嗎？」但就是這麼簡單。
色彩，會快速又溫柔地如擁抱般影響著我們，宛如一開始就是如此。

僅是情緒的變化，也能改變氣場的顏色。
有點不開心，或是有點放鬆，氣場的顏色就會改變。
因此，想放鬆的時候，只要添加能放鬆的顏色就好。

例如暖色與冷色系的餐墊，會讓餐點的形象大大不同對吧？沒有人看到藍色的飯，食欲還會變好。

色彩會直接且瞬間對人發揮作用。

舉例來說，想認真在工作上做出成績，所以把戀愛跟玩樂放在一邊，全力專注在事業。大部分的情況，在工作上衝刺時氣場會開始混雜些淡淡的紅色。就是這個顏色。

將鮮紅的大理花、雪果，或名為金絲桃的紅色果實裝飾在房間，讓自己的能量與花相連。不只請精靈，也請色彩、也就是花朵本身來幫助你。因為已經在工作上用盡全力，所以氣場才會混入紅色，跟透過花添加紅色來幫助自己在事業上衝刺，這兩種做法的結果是相同的。

串連本質氣場與花的方法

能讓你跟花相連的方法，大致上可分成兩種。

第一種是使用本質氣場的顏色。

我的本質氣場是白金色。白金色與其說是顏色，更像光本身，所以可以混在任何顏色中。因此，我不僅喜歡、還擅長使用多種色彩。

我特別喜歡白色，經常在家裡擺飾白色的花。

我最喜歡把香水百合這種大朵的百合花放在玄關。

花瓶總是選用透明又簡約的圓筒花瓶。白色或透明是我的主題色。

若說到特意將白色跟透明放在玄關有什麼變化，那就是房子變了吧。

我搬到比原本的房子大兩倍、玄關大五倍的房子裡。

花會調整整個環境。調整不是指變好，而是變成最自然的原始狀態。

大朵的香水百合，適合放在寬敞房子的大玄關。

不適合放在雜亂、鞋子不收的那種狹小玄關。

自從搬進現在的房子之後，自然會開始將脫下來的鞋子放在鞋櫃裡。

玄關的穿鞋處如果髒了，也會立刻打掃乾淨。

不是因為房子寬敞才有閒置空間，是因為整個環境已經調整好，才會出現閒置空間。

另外，我的手的本質氣場是藍色。

因此，在設計花束時，不管怎樣都會選用藍色的花。

在粉紅色或乳白色系的花束加點藍色，就會變成非常時髦的捧花。

還有，雖然不是花，在人生中下定決心的時候，我買了藍寶石戒指。至今只買過鑽戒或珍珠的我，突然想要一顆藍寶石。

藍寶石的藍，是決心的顏色。

它是引導我們前往成功的顏色，也是慈愛的顏色。成功跟慈愛都不是莫名其妙就能得到的東西，必須要有決心。

你喜歡的顏色或不經意選中的顏色，說不定跟本質顏色相近。一直以來，我告訴過許多人他們氣場的顏色，沒有人在聽到後感到意外。想協助自己的本質，也就是如果希望活出最原本的自己，建議擺飾你喜歡的顏色的花。

串連現況氣場與花的方法

另一種方法，是使用現況氣場的顏色。

你應該有心中理想的現實情況吧？

想談場美好的戀愛、想更自由地表現自己、想更有直覺……想實現這些願望，顏色也能派上用場。

如同賣力工作時氣場中會參雜紅色一樣，談戀愛的時候、被某個人守護的時候，氣場會出現粉紅色。

我們人體有掌管工作或戀愛等各種現實情況的部位。

這個部位的狀態若好，紅色或粉紅色等原本的氣場顏色就會變得很漂亮。而且，會更有光采。

因為工作性質，我常有機會跟許多人見面。以原本的自己生活的人，會看起來閃閃發亮。

沒有任何虛假，外向又單純。

只是人在現場，就能讓整個場合像百花盛開般開朗明亮，像清風拂過般令人心情爽朗。他們都散發著光芒。

在某個工作會議，眼前忽然有金粉閃亮亮地灑落。

那是對方氣場的碎片。

那是我確信「啊，這項工作會順利完成」的瞬間。

接下來在生活中會發生什麼事呢？

一定會發生超乎想像的事。

在從未想過的時機創業、小孩往預料之外的領域發展、因奇妙的緣分開始養起寵物、突然閃電結婚等。

開心的時候，就擺放能增加喜悅的花吧。

發生自己無法改變的事情時，也配合狀況擺飾適合的花，
讓花來幫助你。
將花與氣場的顏色相連，讓它們幫助你的現在。

改變現實的脈輪

人類的身體是由能量所構成。

使人成為人的那股能量，其出入位置稱為脈輪，各脈輪掌管著你的現實情況。

每個人身上都有三百六十五個脈輪，大小各異。

它不只存在於看得見的肉體，也分布在靈魂整體，例如把手往上伸直後的附近、腳底下方一公尺或是左右手張開後的區塊。

每個地方掌管的現實情況都不同。

脈輪是梵文的「車輪」，實際上與其說是車輪，它的形狀更像是好幾層

花瓣重疊在一起。

有人形容就像蓮花一樣，真是一點都沒錯。

也像芍藥或陸蓮花。

姿態相似的東西，能量狀態也會相似。

因為能量狀態會形塑出姿態。因此，要調整好能量，或是療養脈輪，花都是非常有效的。

第二章告訴了各位「觀察」。

透過疏通停滯的能量調整好自己，就能以原本的自己生活。要觀察的是自己、你本身、你的姿態與能量的狀態。

能量是經由脈輪從源頭流到你這裡，觀察脈輪，等同於調整「你」這條管線。

接下來要告訴各位照顧脈輪的方法。

照顧脈輪後，現實會逐漸改變，一定很有趣。

運動能照顧全身的脈輪

脈輪的數量總共有三百六十五個。

其中能量出入最頻繁的，就是第一到第七個脈輪。

能量出入最頻繁，意味著對現實情況的影響也最大，所以這七個脈輪格外重要。

肉體上的脈輪會影響看得見的世界，氣場上的脈輪則影響看不見的世界。

因為第一到第七脈輪都是肉體上的脈輪，直接與看得見的姿態相通，所以才會改變現實。

是的，照顧脈輪對身體極為重要。

照顧身體，等於照顧脈輪。

運動是對全身脈輪的照顧。俗話說，健全的精神寓於健康的身體，正是這麼一回事。

關於幸福，重點容易偏向精神層面，不過身體也一樣重要。只要照顧身體，煩惱就會消失的情況當然會發生。

有關接下來提到的脈輪，希望大家都能讀到幾乎可以背下來的程度。它能讓你在外出忽然想買花的時候、送朋友生日花束的時候，知道該買哪種顏色的花才能幫助「現在」。不只是選花，在決定孩子的便當配菜時，也能為孩子考慮明天要添加哪個顏色的能量。

先生的領帶、你的衣服、客廳的窗簾……

我們的生活可說是用色彩編織而成，因此不光擺飾花卉，若能在生活整體引進色彩的能量就太好了。

七種脈輪的真相與對應的花卉

第一脈輪——豐富的三種定義「富優美」

雖然想立刻談談第一脈輪，不過在這之前有個概念想再次分享給大家。

看不見的世界並非指提升自己的精神層面，也不是要你感謝現在所擁有的、臣服的精神論。

看不見的世界是以豐富眼前的現實，讓生活變得愉快為目的。

包括我跟我的顧客，我們的生活都變得越來越豐富多元。

豐富有三種定義。

首先是有充足的金錢，能自然地運用。

接著是能溫柔看待珍惜的人——珍惜的人也包括自己。

最後是內在跟外表都很美好。

這三個定義統稱為「富優美」。當人具備富優美時，不會有任何煩惱。

即使遇到問題，只要具備這三點，幾乎所有人都能保持樂觀地想：

「嗯，算了吧。」

有充足的錢，也很溫柔，內在外在都很美好。請想像一下，在這狀態下有什麼好煩惱的呢？

想解決問題時，解決問題就會變成你的人生。但是，只要具備富優美，問題本身就會消失。

不要去看不同的側面，要視萬物皆為一體。這跟具備富優美來生活的意義相同，比較輕鬆簡單。

金錢的問題、家庭的問題、育兒的問題，為了解決這些問題而努力，是看得見的世界的生活方式。已經得知看不見的世界的你，幫自己增加選項吧。

然後，為了讓現實變得更好，最重要的是照顧第一脈輪。

因為，第一脈輪掌管著所有現實狀況。

所謂所有現實，是指金錢、工作、人際關係及健康等，存在於人生中的所有事項。

第一到第七脈輪皆有各自掌管的現實，第一脈輪是掌管整個現實。因此，如果要選一個脈輪來照顧，我會選第一脈輪。

單獨擺飾一莖一花的紅花

每個脈輪都有各自固有的顏色。第一脈輪是紅色。

它的位置在軀幹的最下方，尾椎骨到膀胱附近。

照顧脈輪，就是觀察。

疏通停滯的能量。

所謂觀察，是意識到那個位置。去看，去接觸，去感覺，把手放在身上，試著感受自己的身體。按摩或動一動也好。跟肌肉訓練一樣，意識自己正在練哪塊肌肉，跟不去意識的效果大不相同。意識相當重要。

然後，擺上紅花吧。建議擺一莖一花的玫瑰或大理花。一莖一花，是指花莖上只有一朵花；一枝花莖上若有好幾朵花，就稱為一莖多花。擺法也是只要擺一朵玫瑰，或是擺一朵大理花。不需要添加其他花朵，單獨擺飾即可。

因為要掌管所有現實，所以大肆沉浸在紅色中最有效。選擇雪果或金絲桃這種果實類的花材也不錯，它能表現出「結果」的含意，對照顧第一脈輪來說再適合不過。

第二脈輪——
喜悅是起身而行的原動力

第二脈輪是讓我們能以生命體活動的能量儲存所。喜悅、滋潤、熱情等，享受人生必要的能量，就從第二脈輪進出。

我們的身體對喜悅會自然有反應。

不管是誰，都無法阻止我們做開心的事、喜歡的事。

首先，請了解讓身體有所行動的原動力是喜悅。

第二脈輪的狀態若沒有調整好，會感覺只是活著，或是覺得沒有盡力在過人生。

經常煩惱戀愛跟結婚等男女關係的人，請試著照顧第二脈輪。

沒興趣或是對什麼事都毫不關心，只要照顧第二脈輪，就能開始覺得人生是有趣的。

雖然這麼說，但我覺得沒有個人興趣也無妨，也不一定要談戀愛。
所以，責怪自己無法享受興趣或戀愛的人，請照顧你的第二脈輪。
大家都對同種東西感興趣，為了追求同樣的東西而活的情況，根本不可能發生。對事物感到喜悅或滋潤，本來就因人而異。
可是，人生整體來看都會是愉快的。一旦能以原本的自己生活，活著真好的時間就會逐漸增加，會自然地心存感謝，感謝人生中原來有這麼多美好的體驗在等著自己。
人生是愉快的。為了感受這點，希望你能照顧第二脈輪。

將花加入茶飲或食用

第二脈輪有橘色的能量進出。
位置在女性子宮附近，或是丹田周邊。
推薦的橘色花是朱槿或萬壽菊。
也推薦形狀長得像燈籠的宮燈百合，為人生亮起一盞光。

朱槿或萬壽菊是很有名的花茶原料。花不但看起來很美，也能泡成茶享用，亦可食用。吃喝都是體內的照顧，我平日也很愛喝加了花的茶。

這種茶能有效美肌及改善血液循環。能量流動順暢的身體，血液循環也會非常好；相反的，手腳冰冷或浮腫的人，體內能量會停滯不動。我不但手腳冰冷又容易浮腫，因此必須照顧第二脈輪。

對女性來說，溫暖子宮非常重要。想懷孕的人，請試著裹肚圍或貼暖暖包等溫暖腹部，能疏通子宮內停滯的能量。

飲料基本上改喝溫的飲品。

這也是照顧第二脈輪的方法。

泡澡時可在浴缸中加點鹽。

我是加混有無農藥栽培的玫瑰的天然鹽。鹽的淨化作用相當傑出，不知不覺受到的損傷，只要泡澡就能清得一乾二淨。

損傷較大的時候，泡完澡的熱水會看起來有點混濁。請在沐浴時加點鹽，照顧你的脈輪吧。

第三脈輪——掌管自己

每次接受顧客諮商時，無論對象是誰，基本上給我的印象都差不多。他們都充滿不安。

什麼讓他們這麼不安呢？因為沒有自信。

無法相信自己的感覺，無法相信自己的想法，在意自己以外的人的想法，擔心：這樣做對嗎？做這種事會不會被取笑？可是，人無法消除不安，所以不需要責怪自己。

來照顧第三脈輪吧。第三脈輪掌管的是「你」。

對自己的信賴、自信，想要這麼做的瞬間，擁有的決斷力及行動力。

如果你感覺這種能力不足，就積極照顧第三脈輪吧。

遭否定或怒罵時脈輪會受損

每當脈輪狀態變得雜亂，原因幾乎都來自於他人。

被某人否定、被迫承受非常強的怒意，這種狀況若長久持續，人的脈輪就會受損。

能量經常進出脈輪，所以即使置之不理，流動的能量也會幫忙調整好脈輪的狀態。

可是，如果受損程度大到能量也來不及修復，便會影響到現實狀況。

第三脈輪的顏色是黃色。

位置在離胸骨最下端凹陷處稍微下方之處，大概在胃的附近。

一般說胃不好的人比較敏感，這句話一點也沒錯。

我也曾是胃病患者，從上國中開始每天都胃痛。

那時候無法擺脫止痛藥，也看過腸胃科，就連聽說有效的民間療法都嘗試過，但還是一點都沒有改善。

某天，我把朋友老家送的二十多朵向日葵放在家裡，隔天胃竟然一點也不痛了。從那之後，我就再也沒有胃痛過。明明以前如此痛苦，現在卻一次都沒再痛過。

偶爾，會像回想過去般覺得好像有點痛，這是因為受傷害的時間太長，身體把那種感覺記憶下來了。可是，這種痛會立刻消失，因為欠缺的東西會慢慢被填平。

第三脈輪的黃色，請想像成太陽那種顏色。

帶些橘色，光看就讓人振奮精神。

推薦擺飾的花種為向日葵、非洲菊或是陸蓮花，圓圓的、像太陽一樣的花。

第四脈輪——得到與付出的愛是同等的

第四脈輪是愛的脈輪。

與愛有關的所有事情，都由第四脈輪掌管。

剛剛說過人無法消除不安，感到不安也無妨。不安的相反就是愛，所以，我們要去增加愛。

戀愛的愛，夫妻的愛，對父母的愛，對孩子的愛。不單是人類間的愛，還有對地球或大自然的愛。

我的顧客中，有人經歷過波瀾萬丈的人生。

我則是在小學的時候喪母，那時覺得全世界的不幸都降臨在我身上般痛苦與悽慘。

我也有喪子的朋友，他經歷過別人難以想像的心境轉變。

另外，不知雙親是誰的人、遭遇性虐待的人、被捲入犯罪的人、與小孩之間有障礙的人等，有經歷各式各樣遭遇的人。

但是，大家都很溫柔。不只對家人或朋友，對每個人都很溫柔。

這不是因為他們從痛苦體驗中學到了什麼。

是因為他們已經接收到可與痛苦比擬的愛。

人沒辦法給別人自己沒有的東西。能夠付出愛的人，一定也收到同等程度的愛。

第四脈輪是非常安靜的脈輪。

觀起來像沒在動一樣。

能量明明是毫無意圖地流動，為什麼會看起來沒在動呢？

因為進入第四脈輪的能量，與出去的能量流量相同。

因此，觀起來就像不動一樣。

接收與付出的愛，數量一定是一樣的。

脈輪的入口在背部，出口在腹部

假如你覺得現在很孤獨，不受任何人喜愛；假如你認為還沒有接收到自己期望的愛，就需要去照顧第四脈輪，因為脈輪的出入口可能壞掉了。脈輪有出口及入口。幾乎所有脈輪的入口都在背部，出口都在腹部。

從入口進去的能量，可以直接從出口出去，脈輪本身則處於平穩的狀態。可是，受到損傷的話，出入口就會壞掉。

若是入口壞掉，能疏通停滯能量或是修復脈輪的能量就無法進入；若是出口壞掉，進來的能量沒有流出去的地方，會導致能量阻塞。

感覺不到愛的時候，要不是入口壞掉所以愛進不來，就是出口壞掉導致能量阻塞，感覺不到愛。

但是，大部分情況下，不被愛的感受都是一種誤解。

請從今天早上起床開始回想。

更換花瓶裡的水、做早餐給家人吃、調整服裝儀容跟隨身用品、在電車上互相讓座、在公司或學校跟大家說「早安」、拿到自己買的書時說聲「謝謝」，這些都是來自你的愛。

對家人、對自己、對別人、對植物的愛，你有很多能給予的愛，因為你已經接收到那麼多愛了。

如果能察覺「愛一定存在」「我不是孤獨一人」的話，就太好了。

若你已經能藉由擺飾花卉或是照顧脈輪來察覺到愛，一定也能察覺自己可以付出的愛有多少。

然後，會驚訝於**愛的數量之多，多到不需要覺得付出很可惜**。

第四脈輪的顏色是粉紅色，有時也會參雜點紫色。

位置在胸口上。

粉紅色或紫色的玫瑰雖然不錯，但我推薦洋桔梗，不只種類豐富，花期也很長。

選擇很多顏色的花來擺飾也沒問題，畢竟愛也是各式各樣的。不僅是現在擁有的愛，已經結束的愛也是很重要的愛。

你愛過的那個人，已經給你與你愛他一樣多的愛了。這是真的。

第五脈輪——溝通的真義

有人覺得自己很怕生。

仔細問了之後，能了解他們對溝通感到不安。

簡單說是溝通，但溝通也分成用言語溝通，或是用表情或動作手勢等來溝通。即使沒什麼對話，但待在同個房間就覺得舒服，像這種沒有特別理由的感覺，也是一種溝通。

不過，其實這些都不是溝通，只是溝通的工具。

第五脈輪是掌管溝通的脈輪。

大多數情況下，人們可能會將怕生、話難以說出口、交不到朋友與戀人之類的人際關係想成溝通，實際上並不是。

第五脈輪掌管的溝通不是這麼一回事。

「**不用溝通，別人也接納我。**」

這才是第五脈輪掌管的溝通含意。

現在是能簡單與人來往的時代。

只要一部手機，隨時都能輕鬆與人交流，因為實在太容易，甚至到不停手就會打亂生活節奏的程度。

我在剛開始創業的時候，只用手機工作。從行程管理到對應顧客、公告商品資訊、販售等都用手機。私底下也每天使用手機，醒著的時候經常處於在跟某個人連線的狀態。

這個狀態，不覺得跟什麼很像嗎？

沒錯，就跟這個世界滿滿都是能量一樣。萬事皆相連。

其中的一種姿態就是網路。

有手機成癮、網路成癮這種名詞，我認為這是溝通不拿手的人所創造的。

每個人都有想與人交流的情緒。可是，如果交流變成「想滿足自己」「想有人關心」的話，就會變得很痛苦。

原本溝通是彼此之間的互動。

但是不擅長溝通的人，不知不覺間將溝通當作滿足自己的道具。

聽到「成癮」，你會浮現哪種印象？

大部分的人對這個詞有負面印象。

話說回來，我們都是從源頭衍生的存在，萬物都是相連的。我們彼此調和並共生。

患有成癮症的人，是因為依存的對象不夠多。

我們無法一個人生存下去。

因為將一切都賭在一件事上，所以才看不見與其他事物的連結。

為了健康的依存及自立，請增加更多依存對象

你喜歡什麼？

喜歡工作、喜歡老公或老婆、喜歡朋友、喜歡跟孩子共度的時光、喜歡談戀愛的自己、喜歡可愛的東西、喜歡華麗的東西、喜歡漂亮的東西、喜歡酒、喜歡香菸、喜歡夜遊、喜歡鄉下、喜歡都會、喜歡外國，還有喜歡更多他人無法理解的事物都沒問題。

我喜歡閃亮亮的東西、喜歡華麗又可愛的東西、喜歡盯著時鐘上的裝飾或寶石。喜歡茶、喜歡在泡茶後吃泡過的茶葉。喜歡細心地保養茶具，拿布擦拭的時候感受自己的狀態。喜歡拖拖拉拉的時間，會躺在客廳地上像昏倒一樣睡午覺。真的很喜歡那個最棒的時光（笑）。就算房間很亂也毫不在意，可是，一天要用吸塵器吸地板兩次。看到碗盤堆在水槽裡就會笑，笑自己的懶散。這時候我只會笑，直到受不了為止都不會洗

（笑）。

你喜歡哪個名人呢？喜歡很多人的話很好，很開心呢。有喜歡的思想家嗎？聽了誰的話會感到認同呢？我喜歡能讓自己看到無法想像的世界的人，也疼愛像過去的自己一樣努力的人。

來蒐集「喜歡」吧，多增加你的成癮對象。

喜歡的對象有很多，是健康的成癮。

去了解自己喜歡的是什麼，這麼做也能知道你的輪廓。

知道自己的輪廓後，即使跟很多東西有所連結，也能了解自己的界限在哪裡。這就是自立。

自立的人，可以滿足自己。

因為他們明白，滿足自己的方法只有自己才知道。

自立的人接受自己。

能接受自己，就能接受別人。

他們明白就算彼此不同，也能相處。

就算不溝通，也能知道對方接受自己。
這就是第五脈輪掌管的現實。
如果調整好第五脈輪，人就能安心參與這個世界。不但能感受到與萬物相連的安心，也知道就算相連也不會被奪走任何東西。

第五脈輪的顏色是水藍色。
位置在喉嚨。
葡萄風信子或藍星花等，都是水藍色的花。
花的形狀與大小，也會隨能量狀態改變。
水藍色的花，形狀常是許多小花聚集的樣子。很多小花聚集在一起……
果然水藍色的花是自立的花。

第六脈輪——看透事物的本質

觀察不是超能力，我們沒辦法預知未來。

人生也不會事事如意，只能觀察自己。人生的劇本已經決定好了。

觀視力就是觀察力，端看你能觀察到多細、能一眼觀察到哪裡。雖然不是超能力，但是若能觀察到能量狀態，就可以預測之後會發生的事。

畢竟是預測，結果不一定成真。假設觀察時有無法把握的狀況，結果就無法如預測般成真。

每個人的觀視力和觀察力都不一樣。去感覺的順手程度不同，發揮感覺的狀況也不同。

我們雖然能藉由練習增加觀察力，但不會無限增長，只能增加所需要的程度。

另外，脈輪有自己的發展階段，每個人都不同。因此，人有擅長不擅長，也有自己的喜惡。

脈輪終究是能量的通道，其狀態會改變人的性情。

第六脈輪就是所謂的第三隻眼。第三隻眼，可以用來觀見看不見的世界。

這是看穿事物本質，為了「觀」的脈輪。

第六脈輪的狀態若好，就能一次得到許多資訊。

你能觀察到多深多廣，都要看第六脈輪。

疾病是沒被照顧的能量塞住了

我的觀察力是在動腦部手術之後回來的。之所以罹患腦部疾病，是因為來不及照顧第六脈輪，讓那邊的能量大幅阻塞。

長久以來我持續否定觀到的事實，使它成為一種傷害。

疾病雖然容易被認為是負面的，但不然。沒被照顧的滯留能量，化作疾病這種眼睛看得到的姿態，才能在看得見的世界從物理上治療。這就是疾病。

我也是生病動過手術後，阻塞的能量才因此疏通，恢復為原本的自己，重新與看不見的世界有所連結。

如果生病的地方不是第六脈輪，說不定不會有這種結果。

可是，我的人生就是註定會往這方向發展。

第六脈輪的顏色是濃郁的紫色或海軍藍。

掌管的現實是觀視力、觀察力，位置在大腦下視丘附近。

我動手術的地方正是這裡。這個體驗讓我親身得知，看不見的脈輪跟看得見的肉體直接關聯。

第六脈輪的照顧，總體來說就是睡眠。睡覺的期間，身體雖然沒在動，但是大腦仍在活動。身體休息時，就會改成大腦在使用能量。

小孩子睡很多對吧？跟大人相比，他們的第六脈輪狀況非常好。睡眠時間會隨著成長越變越短，而照顧大腦的時間變短的話，會漸漸無法理解看不見的世界。這兩者確實是相關的。

好好睡覺吧。光是晚上的睡眠無法滿足，所以我幾乎每天都會睡午覺。睡眠不足會越來越無法理解所有事情。

推薦的花是繡球花、龍膽花及鐵線蓮。

請以偶數枝來擺飾。

雖然擺飾花的時候，擺奇數枝比較好看，但這裡的目的是要照顧第六脈輪，得用偶數。

人在看到相同的東西以偶數排列時，腦中會將它變換成「眼睛」的形狀來觀賞。因此，照顧第三隻眼得用偶數枝擺飾。

第七脈輪——更進一步的能量注入口

對看不見的世界有興趣的人，說不定了解第七脈輪的重要性。第七脈輪是掌管「突然理解」「總覺得是這樣」的第六感。創作者常常說「字句從天而降」「點子來了」，這些正是調整好第七脈輪會產生的現象。

第六感是每個人都有的能力，比起感覺更習慣先思考的人，就需要照顧第七脈輪。為什麼無法完整接受自己的感覺呢？因為不安，不安中有恐懼。

進一步往前時需要的能量，也是從第七脈輪進出。因此若能量開始停滯，就會不知道人生該往哪裡走。

不知道選哪個好、不知道該往哪個目標前進，是因為不安。

我說過，不安的相反就是愛。減少不安並增加愛，人就能安心生活。

照顧脈輪或是擺飾花卉，都能調整看不見的能量狀態。若是想增加愛，只要在執行時加上一點小技巧就好。有關這個小技巧，會在第四章告訴各位。

乾燥花也有精靈

第七脈輪的顏色是紫色。

但不是濃郁的紫色，是像薰衣草般，混著一點點白色的那種顏色。最推薦的花就是薰衣草。

可是，很難買到新鮮的薰衣草，所以改用乾燥花也沒問題。

有人會問：「乾燥花的能量狀態沒有很好吧？」但其實沒這回事。花的本質不會因為乾枯而改變，花一直都是花。乾燥花裡也有精靈。

在這裡要告訴大家一種我喜愛的脈輪照顧方法。

我經常隨身帶著添加薰衣草的香氛精油，覺得不順利便會拿出來使用。

首先擦一點在手腕上，聞一口香氣。

接著將手腕上的精油擦在頭頂。

第七脈輪位於頭頂，所以直接將精油擦在上面。藉由聞香氣從體內照顧，再透過擦精油從外部照顧，內外照顧脈輪。

香味的好處，就是容易與記憶產生連結。

讓身體記住「聞薰衣草香氛精油＝調整好第七脈輪」，這樣一來，就能更有效地照顧脈輪。

花附錄2

美麗的編花法：螺旋捧花

在花店買的捧花造型，稱為螺旋花腳（Spiral）。Spiral 的意思是螺旋，仔細看捧花的花莖會發現都朝右扭轉排列。為什麼要排成這種造型呢？這有許多原因。

首先是看起來美觀。從各個角度看都一樣，所以擺飾的時候不管怎麼放在花瓶裡，都漂漂亮亮。

接著，螺旋是從中心朝外排列，即使花的枝數不多，也能讓捧花看起來有分量，可以將空間裝飾得更華麗。

再來，花莖的方向相同，就不易折損。將捧花內側的花換成別種花時，也能在不傷害花莖的情況下輕鬆抽換。

在這裡告訴各位螺旋捧花的組合方法。

先用左手拿著第一枝花，手要握在花莖正中間那段，第二枝花則拿在右手。然後第二枝花的前端像從第一枝花左邊出現般，將花莖疊放在第一枝花上。兩枝花都改用左手拿之後，第三枝跟第四枝也照剛剛的步驟疊放。訣竅在於每疊放一枝花時，要將左手握著的花莖些微往右扭轉。扭轉能讓花束呈現螺旋狀。疊放好最後一枝花之後，在花莖重疊的地方綁上繩子就完成了。

這是只要記住一次就能活用一生的技巧，請試著練習看看。

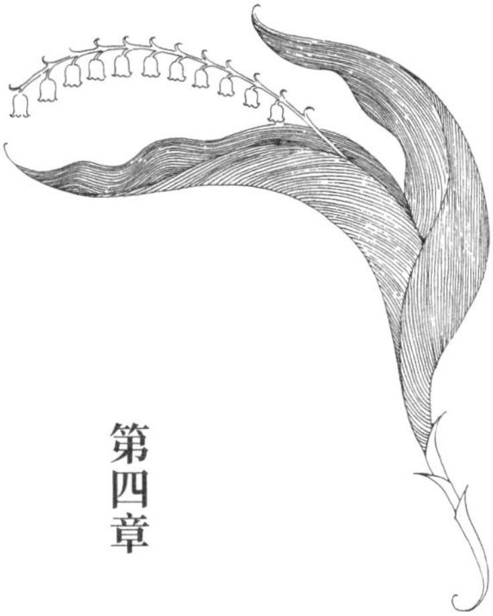

第四章

如花般生活

美麗又懂變通的生活提示

施以精工的器具，毫無黯色的漆碗。
飄著藺草香氣的和室，擦得一乾二淨的走廊。
微風輕拂的蕾絲窗簾，照進房間的陽光，遠遠就能聽到的鳥啼聲。
透明玻璃的花瓶，透澈的清水，層層相疊的花莖，色彩斑斕的鮮花。
所謂的美，是指適得其所的情況。
所謂的美，是指調整好的情況。
所謂的美，是指能量狀態適得其所的情況。
然後，那個「情況」也包含你在內。

保持美麗很重要。

數目、數量、顏色、配置、質感，美不僅是興趣或嗜好，也是狀態良好、合適、調和的情況。

現在，你感覺自己美嗎？

外表的美，內在的美，動作舉止的美，談吐的美。

現在，你感覺自己所處的環境美嗎？

居住的場所，生活的家，人際關係。

這些都是看得到的姿態。

姿態美，意味著能量狀態好，能量順暢地流動，不需要調整。

你處於原本的狀態。

看見美麗意義的女性

女性都希望保持美麗。

對女性來說，追求美麗是種本性。
沒有人教導，我們也會盡其一生去追求美麗，因為女性覬得到美麗的意義。
本章將告訴各位，美麗又懂變通的生活提示。

你的美，能讓這世界變美麗。
因為世上萬物皆相連。
因為我們會受到眼前事物的影響。
來吧，如花一般生活吧。
讓自己更美，讓周圍的人感到愉悅。
光是你的存在就能讓更多人幸福，請抱著這個自覺生活吧。

來自愛，以及來自不安

人的言行可分成來自愛，以及來自不安。
不會有兩種混合出現的情況。
來自愛的言行是基於愛，來自不安的言行是基於不安。
當眼前發生問題時，請好好回想。
在問題背後，一定有來自不安的言行。
來自不安的言行只會增加不安。
不瘦下來的話就沒價值——抱著這種不安節食減重，就算瘦再多也無法感到滿足。

努力不讓男友不開心——來自不安的戀愛，交往時間越長彼此會越痛苦。

人的一天約有八成時間活在不安當中。不是擔心會發生什麼而不安，是持續地感到不安。

你有享受眼前的飲食嗎？有好好品味早上喝的那杯咖啡嗎？不是一邊滑手機一邊用餐嗎？

沒有在腦中思考下午的行程，或是計畫明天的流程嗎？沒有回想昨天聚餐時的言行嗎？這些都是來自不安。

你不是「現在」品味咖啡，而是往來於過去及未來。

身處過去或未來，只會讓人不安。

人只有身處現在，才能做出來自愛的言行。

愛，是不改變自己及對方

我們無法消除不安。

就像人一定有傷口，沒有不會不安的人。

據說就連開悟的佛陀，也殘留著兩成的不安。因此，我們普通人只要有五成的愛跟五成的不安就足夠了。

增加愛的訣竅，就是言行配合內在。

換句話說，不要讓自己看起來很厲害，但也不要讓自己看起來很卑微。依喜好誠實生活，以原來的你去生活。用現在的氣度，堂堂正正地生活。

在看得見的世界生活的我們，很難去在意看不見的世界。

就算別人說「時間不夠了喔」，還是會覺得時間看起來非常夠用。

可是，我們可以使言行符合內在。

內在，就是照實表現出自覺。這就是愛。

愛是什麼呢？

所謂的愛，就是不去改變，不企圖改變自己或對方。

只想顯得年輕
反而導致能量偏頗

世上的女性大都希望能保持美麗。
這是本性，也是因為覷得到美麗的意義。
但是，如今太多人害怕年紀日漸增長。尤其，崇尚幼少與可愛的風潮根深柢固，多數女性試著讓自己無論何時都能維持稚嫩的狀態。
看起來年輕，真的這麼重要嗎？
比起看起來年輕，別人把我視為成熟女性，更讓我感到開心。你是怎麼想的呢？

假設你是四十多歲的女性。
活了四十年不可能稚氣。
因為活在能經歷更多、知道更多的時光裡。
儘管如此，勉強只讓姿態變得稚嫩的話，能量狀態會如何呢？若實際上已經相當成熟，卻還是假裝不成熟，就會造成偏頗。要在哪裡補充、矯正這個偏頗的能量呢？可能是心理上，也可能是與重視的人的關係上。能量的偏頗，一定會影響其他地方。

你的價值並不在於年不年輕。你的價值，就是保持美麗的你。

這樣分辨言行是來自愛或來自不安

人際關係也一樣，不能企圖改變對方。有沒有假裝讓孩子選擇，其實是在控制他呢？有沒有假裝聽丈夫的意見，其實想讓對方認同自己呢？企圖改變對方或自己，便是道德騷擾，是自殘行為。

想去改變時，先暫時停下動作，思考一下吧。為什麼想控制對方呢？「因為覺得對你好」，就算加了看起來像愛的理由，但這是來自不安的言行。

不知道是來自愛還是不安的時候，請看自己是否企圖改變現在。

所謂愛，就是不去改變。原來的狀態就很好。

有人會問：「改變不是好事嗎？」「成長也是一種改變不是嗎？」

改變不是好事，**也不是壞事**。**它是一種結果**。

結果不是做出來的，是自然形成的。

因為能量狀態改變了，所以姿態也跟著改變。

只改變姿態是問題所在，愛是強迫不來的。

我有一個朋友，父親因病入院治療。

他們親子感情很好，朋友非常希望父親的病能治好。但這個念頭實在太強烈，導致她要求主治醫生改變治療方針，或是拿自己覺得好的營養補充品給父親吃。

可是，某天她突然察覺自己在做的事是「壓力」，而非「祈禱」，是在壓扁水管。她察覺到企圖改變的行為，傷害了父親與自己。

於是她放棄改變。

愛變多，言行也改變了。

來自愛的言行，增加了愛。

她父親也在病情時好時壞的情況下，現在仍跟家人一起生活。

努力時會發生什麼？

努力不會背叛自己，這是真的。
努力後必定有結果。
但是，不一定是你期望的結果。
說到這點，有人會覺得失望，但是不需要失望。
能量的動向不會出錯，因為它不帶任何含意地移動，會確實地從有缺陷的部分開始填補。
我們無法把握有缺陷的地方到底在哪裡、缺陷的程度有多大、總共有多少缺陷等，但能量可以毫不猶豫地從應該填補的地方開始填補。

假設我們照顧了第二脈輪。

因為想在人生中體驗喜悅、想談戀愛，所以用盡全力努力照顧它，但是邂逅卻一個都沒出現。這種情況很常見吧？

為什麼得不到期望的結果呢？

因為比起這些事，其他地方有更需要先填補好的缺陷。

但是，你只注意到戀愛或事業，所以沒發現能量已經填補好其他的缺陷，沒發現在那個缺陷已經有所成果。

努力照顧第二脈輪的結果，也會影響事業。工作上得到的結果，會變成對第五脈輪的照顧，

有時還能讓人變得可以好好溝通。

就算努力也難以獲得結果的人，請稍微改變自己的看法。改變看法也需要一點訣竅。

能量是時常在流動的。

要努力去觀察。

你正在移動能量，不可能沒有結果。不但不可能沒結果，甚至還會發生更驚人的事。

因為能量是從需要的地方開始填補缺陷，把你當作一個整體來思考的話，一定能在最短時間內得到結果。

一切都會在最快的時間內，以調整好的順序來填補所有缺陷。

時機來臨前主動等待

人真的很不擅長等待。

明明只要等待就能順利，偏偏受不了曖昧不明的狀態。

為什麼忍受不了呢？因為不安。

人生明明在往好的方向前進，我們也是因為這種機制才能生活，卻一下子就忘記。

有趣的是，人只要得到自己期望的結果，就會滿臉得意地說：「心想真的事成呢～」「這是緣分～」「至今做的所有事都有意義了。」沒錯，我一直在說的就是這件事。

等待吧，要主動等待。

不是光等待，什麼都不做。要以自己原本的度量，堂堂正正地生活，等待時機來臨。

不是等待某件事情發生。

是**等待它化為有形**，**等待自己變成那個姿態**。

從他人看來，會覺得你好像什麼事都沒做，這樣也沒關係。只要知道自己在等待就好。

什麼都好。

邊打工邊想著某天要擁有自己的店也好；充實地獨處時想著有個戀人也不錯；盡情享受夫妻兩人時光的同時想要小孩也無妨。

不是一心拚命想要開店、想快點有戀人、盡早有小孩，是要**和著急的自己一起**等待。

不心急，不放棄，你要明白：「啊，現在的我正在等待。」
這不需要告訴其他人。

不去理解也一樣。
時機未到時，不可能理解。無法理解的東西，就問心無愧地維持不理解的狀態吧。

運氣好的人，總是坦蕩蕩。
只要態度坦蕩，運氣就會自己靠過來。
低聲細語地講話，對方不會理解你期望的是什麼。
光明正大地大聲犯錯吧。

育兒是獲得原諒的時間

我懷孕的時候曾陷入恐慌。

我沒有自信當母親。

媽媽在我還是小學生時過世，我不知道母親究竟是何種存在。我以為邊摸索正確答案邊育兒，只會讓自己痛苦。

實際上生下小孩之後，小孩超越想像地惹人憐愛。世上有優先於自己的存在，這事實讓我非常開心，同時也很痛苦。

漫長的九個月懷孕期間，身體一天天變得越來越陌生。

我幾乎沒有狀況好的時候，會因為一點點小事流淚，每天都很討厭自己。

從賭上性命生產、滿身瘡痍的那天開始，就是毫無任何休息時間的全日育兒。睡不了、各處疼痛、不能隨意泡澡、無法去廁所，看著鏡子裡體無完膚的自己，不知道哀傷過多少次。

每次聽到虐兒的新聞，都會擔心自己會不會某天也痛下毒手。孩子明明是可愛又珍貴的存在，但還是好難受好難受好難受，想放棄，想逃離。不管小孩到一歲還是三歲，這個心情絲毫沒有改變。即使有些不同，不過一定有很多母親對我的心情有所共鳴。因此我想告訴你，現在正在過程中的你，真的很努力了。你的心情，我非常能理解。

你想要的不是鼓勵的話。你想要的是好好睡一下，就算只有一個小時也好，或是能自由活動一下，即使半天也好。不僅我，大家都能理解你的心情。

孩子在公共場所哭泣的時候，大家看著你的眼神不是責備，而是「我知道你在努力」「沒事的」「完全不在意孩子哭喔」。

育兒這條路大家都走過，大家都能理解。

你都好好做到了。

很多事儘管有點不滿，咬牙忍耐下去也能順利克服。可是，小孩的事不是這樣。

以往的做法都行不通，走投無路，這些我都明白。

我的小孩現在十一歲，我不會說他一下子就長大了。

十一年很長，我不會想回到當初，重新體驗一次。

現在是最可愛的時候。為什麼會這麼想呢？

不是因為不用再費心。

是因為我發現育兒是「獲得原諒的時間」。

即使帶著未痊癒的傷口育兒，孩子還是願意原諒

大家都在傷口未痊癒的狀況下長大成人。

察覺不到自己生活在不安之中，也不知道療癒自己的方法，依照雙親、老師、社會、時代告訴你的方法生存至今。

當然，他們是出自善意。大家都很不安。

「要讓孩子幸福，一定要這麼做。」這類的言行都是來自不安。

來自不安的言行只會增加不安。

當孩子們接收這些增加的不安，長大成人後，育兒就會變成痛苦的事。

儘管竭盡全力去做，但是在傷口未痊癒或是沒有調整好自己之前，現實情況都不會改變。

帶著未痊癒的傷口直接當母親的我，以為孩子會怨恨我。

我以為我會因為一直處在哀傷狀態而毀掉一切。因為我很努力，所以沒

有人願意幫我；因為我很努力，所以說不出自己育兒很不順利。
即使如此，孩子還是原諒我了。
我明明得更努力，但他仍舊願意原諒我，所以我投降了。
孩子原諒了帶著未痊癒的傷口直接當母親的我、哀傷的我，這個最不想讓別人看見的我，所以我投降了。
我從來沒想過從育兒中學習或是成長，只想得到原諒。

現在輪到你了

現在請你注視眼前的孩子。
不管你做了或是沒做什麼，孩子每天總是全心全意地喜歡你。
無論過去、現在，還是未來，都不會改變。
孩子永遠喜歡「現在」的你。

現在不被原諒的話，要等到何時呢？

什麼時候才能原諒自己呢？
你一直想要的東西，現在就在眼前。
再怎麼不安，仍希望你現在就得到「喜歡你唷」「超喜歡你喔」「最喜歡你了」「最喜歡媽媽」這個肯定你一切存在的原諒。

不學習也無所謂，不成長也沒關係。
首先，得到原諒。療癒終將造訪至今不曾原諒過自己的你。現在就在這裡療癒自己，然後以調整好的自己繼續生活。
我們一路原諒到現在，以前也原諒過別人。
人生就是順序，人生就是循環。
能量總是持續流動，填補缺陷。
現在輪到你被原諒了。

用賺錢來了解自己

創業前我是專職主婦。

沒有任何證照，也幾乎沒有任何工作經歷。

但是，現在我能讓很多人聽我說話。

這不是因為我有才華。

我只是常常觀察且實踐，怎麼做別人才願意聽我說話？怎麼做才能順利做生意？

正因為開始賺錢了，所以有些話想說。

我也希望讀這本書的各位，可以自己賺錢。

因為，賺錢是理解自己最好的方法。

我也從事經營顧問工作。

原本是專職主婦的顧客開始月入三十萬日圓、只花一個月就超過前年度的營業額、收入翻十倍等成果，漸漸化作數字呈現出來。不過，重要的不是這點。

人有很多面貌。

工作跟金錢只是其中之一。

先前也說過很多次，不可能只做得到這件事卻做不到其他事。將全部視為一體非常重要。

將萬物化為一體很難懂，但金錢會化作數字呈現，不論是誰都一清二楚。

當你能將所有事情化為一體之後，會發現原本的自己是這麼自由自在。

接著，也會開始影響其他層面。

因此，賺錢這件事本身，有著超越賺錢的意義。

說謊賺不了錢

如果想要自己做點生意，最好趁現在知道一件事。

如果已經開始做生意，卻無法得到預期的成果，也請務必仔細聽。

說謊是賺不了錢的。若你現在沒賺到錢，謊言一定存在於某處。

這代表能量狀態與姿態不吻合。因為結果會以數字呈現，沒辦法避而不見。不要再說謊了。

假設你在教兒童繪畫。

下個月可以教課的時間共有八天。平時每個月的教課日數約十五天，但是下個月因為有其他計畫，所以只能減少天數。

這樣一來收入就會減少。

因此你取消了跟朋友計畫好的國外旅遊，改為教課。

這裡重要的，不是因為取消旅遊而失望，或是做了對朋友不好意思的決定。

這時你想做的，其實是「工作八天後跟朋友去旅遊」，可是因為擔心收入減少可能會引起糟糕的結果，往來於過去與未來，而選擇了來自不安的行動。

結果，剩下的只有忍耐——衍生出「原本可以去旅遊的」這種忍耐情緒。

衍生出的忍耐情緒，不會只有這一個。

來自不安的言行，會增加不安。

可能會造成身體不適，也可能會因為這個月順利撐下來，下個月也想繼續忍耐。還可能會想，我都這樣忍耐了為什麼那個人卻……等等，嫉妒其他繪畫班的老師。

忍耐會讓你遠離平常的自己，會改變你。

些微的忍耐持續累積之後，當然會變難受。

因為一直忍耐，工作也變得很痛苦。

接著，工作就持續不下去。創業後的五年內，有六成公司會破產，也是這個原因。

以現在的度量來賺錢
就能有結果

所謂的愛，就是不去改變。若想增加來自愛的言行，就要以現在的度量，坦蕩蕩地生活。

照自己原有的度量生活，是指去做這時的你做得到的事。這可能意味著能力或體力，也可能是這節講到的尊重自己的「渴望」。

現在的狀態如果無法配合姿態，會越來越遠離愛。

如果只能工作八天，那八天的營業額就是你的「現在」。

明知如此，卻還是逞強工作十五天，就算得到雙倍金錢，當中有一半都是由忍耐組成。

這種案例要我說好幾個都沒問題。

心情只有六成，卻賺到十成營業額，這時不可以覺得幸運。

不可以去做「能簡單賺大錢」的工作。

這只會增加你的不安。

錢不是多賺就好的東西，是與你息息相關的。

工作跟錢都與你相關，是你的其中一面。

或許有人會擔心，「營業額會不會一直不增加？」絕對不會。

原本一直流動的能量，會流向準備好的事業。你的言行越是來自愛，越能有結果。

用現在的度量生活吧。

這不是別人的人生，是你的人生。

持續選擇幸福的人生戰略

有許多想創業的女性來找我諮商。

男主外女主內的時代已經結束，女性的人生變得開闊許多。深深覺得自己活在一個好時代。

我身邊有眾多女老闆，很多人憧憬她們，我也努力想變得跟她們一樣。

不過，不是所有人都能如願以償。

因為，每個人的「現在」都截然不同。

比方說，獨自開公司、收入破億的女性，幾乎都沒有結婚，也沒生小

孩，或是小孩已經長大。

花在公司的時間跟體力都很多，當然也比較容易得到成果。若是已婚，孩子還小，自然做不出同樣的成果。每個人的「現在」不同，即使相互比較也毫無意義。

將所有層面化作一體，不等同於在所有層面上都能得出一樣的結果。全部都是一體，全部都是你，所以有限的你，能量當然會分散各處。

現在這個時間點，你該做什麼呢？

例如，有三歲小孩的已婚專職主婦，在金錢層面上就是由丈夫來負擔。你現在最重要的不是賺錢。你現在該做的，是得到孩子的原諒，因為有個讓你幸福的丈夫而感到開心。事業任何時候都能著手。

而離婚一個人扶養小孩的話，透過事業來了解自己是絕佳的機會。年輕的時候遇到這機會的人並不多。

掌握什麼叫賺自己該賺的之後，不只在事業上，也能在其他層面推估出自己的度量到哪裡。

然後，一定也會再開始談場美好的戀愛。

人生會持續往好的方向流動。

即使這樣，人還是會被不安吞噬，引起恐慌。

或許你以為自己是在思考，但只是腦中混亂，什麼都思考不了。

思考是指調整。

只要分解事物，就會明白自己要做什麼。

明白能做的事後，就會了解什麼事不能做。冷靜思考，觀察之後，站在「現在」這當下，就能明白自己能做的是什麼。

有人說不知道要做什麼才好，請冷靜思考看看。除了眼前的事，沒有其他東西了，而這些事情中，必定有你該做的事，有下一步可走。

觀察吧。觀察能疏通停滯的能量，若可以保持原本調整好的你，來自愛的言行也會增加。掌握增加愛的訣竅，一定能做得更好。然後，來自愛的言行，會為你帶來富優美。

戰略跟戰術並不同

可是，人總是和不安共生，無法消除。只要還活在看得見的世界，必定會被眼睛看到的牽著走。

所以，一定要規畫人生戰略。

我們一定能找到幸福的戰略。

金錢無法讓人變幸福，因為它只是人生的其中一面。

美貌、結婚、生產、健康，也都無法讓人幸福，可是如果能得到這些，會以為自己很幸福。

金錢、美貌、結婚等都是「戰術」，是人生的道具。我們的目的不是得到這些，而是利用這些道具來生活。

「戰略」跟戰術不同。

將戰術誤會為目的的人，會陷入恐慌，以為得到這些就能幸福。可是真正得手後，卻也沒變幸福。

不只沒變幸福，還讓不安更多。來自不安的言行，會增加不安。只要得到這個就好的想法，跟「買了陶壺就會變幸福」是一樣的，想一下子讓狀況變好。

當你想著要一下子變好時，請察覺自己「啊，我現在在恐慌中」，暫時停下腳步吧。

眼前的現實，是你至今的成果。

這不是你預期的成果，也不是你想要就能做出的成果，因為我們根本不知道做出成果的方法。

成果不是做出來的，是自然形成的。

只要保持原本調整好的自己就好。

理想中的我做得到的事，現在做不了。

所以只能去做現在可以做的事。

累積這些經驗之後，雖然還不是理想中的自己，但一定能遇見過去不曾認識的美好自己。那就是現在的你，從未想像過的自己。不覺得，你真的做得很好了嗎？
為了這樣的自己，請現在的你要一直選擇幸福。

珍惜自己——
請勿腦中排演和反省

明明旁邊沒人，有些人卻在腦海中跟某人交談。

他們想像著還沒發生的現實，拚命向某人說藉口。

也有與人相處後，在腦中開反省會的人。

「那時候講的那句話好像不對」，重複好幾次那個畫面，思考早已結束的事。

這種人觀察的不是自己，是別人。

我會告訴那些事前排演或開反省會的人：「這世上大多數的人都不會這麼做。」然後，他們會擺出由衷感到驚訝的表情，這總是讓我忍不住笑出來。是的，大多數的人都不會這麼做。

在這裡告訴大家一件非常重要的事。

事前排演跟反省會，都是自殘行為。

就算明白自己會受傷，還是停不下來，是非常好理解的自殘行為。

因為無法身處「現在」，所以從過去或未來尋求理由。

可是，再怎麼找你也找不到明確的答案。

不可能找得到，因為這世上只有「現在」。

從過去尋找不順利的原因

還有其他看不出來是自殘行為的自殘行為。

例如，從過去尋求人生不順利的原因。

連一個月前晚餐吃了什麼也想不起來的人，根本不可能從過去找得到原因。那些你以為是過去的，不是記憶，而是現在的你創造出的幻想。

即使拿「現在的自己」，去比照「現在創造出的過去的自己」，也一定會產生非常多矛盾。

過去沒有答案。儘管如此，我們還是會從過去找尋不順的原因，這個行為本身就是自殘。

尋求不順利的原因，只會讓難受的過去重新烙印一次。

我們無法回到過去，只有現在。

我們無法療癒過去的自己，能療癒的只有現在的自己。

雖然無法回到過去，不過現在的你就在眼前，要療癒很簡單，而且可以很輕鬆地療癒。

回首過去會變成一種惡習，因為我們會想去理解自己不懂的事物。

我們學過「事出必有因」，但其實並沒有。人的眼睛看不到原因。在五%的世界尋找答案，只會令人痛苦。不需要去理解也可以。

流淚不是因為過去的你有所反應，是現在的你的反應。現在的你感覺到的情緒，就在眼前。

如果情緒是悲傷，去觀察現在的你就好。

沒問題的，只要再一下下就好，療癒會來臨的。

能量在自然停止前都不會停下來。你有你該前往的目的地。

將工作當藉口的人

另外，工作也是看不出是自殘行為的自殘行為。

開始經營公司後深深覺得，工作是非常方便的藉口。一不小心，我也差點淪陷。

「實在太拚命工作，很少有跟妻兒共度的時光。」

這是以前理所當然會聽到的台詞，現在也還是有像在說什麼好事般說著「我把小孩的事全部交給老婆」的男性。

這些發言不是因為逃避妻兒，而是為了逃避面對自己，才用工作當藉口。你藏身的地方是工作，所以很難察覺到這其實是自殘行為。

「因為爸爸工作家裡才有飯吃」「工作一點都不輕鬆」「爸爸在拚命」，這些話聽起來耳朵好痛（笑）。

無法珍惜珍貴的人或自己，最受傷的是自己。

人們會用工作自殘，是因為不需要面對問題。不想正視，不安又害怕到不行，擔心自己因此一蹶不振。

可是，這些想法才是妄想。

請鼓起勇氣，看看現在。

不看才會覺得害怕。你以為是蛇的東西，只是根短木棒。因為你不在現在這個當下，才感到害怕。

放棄自殘行為，好好珍惜自己吧。

珍惜自己，不是要你買名牌包、住高級飯店等，這跟買陶壺一樣。

珍惜自己，就是不做自殘行為。

不改變自己。

照原本的度量，以不帥氣的自己堂堂正正地生活。

有自覺地感到不安

這些自殘行為，不做最好。

可是，對一天有八成時間都與不安共存的人類來說，要在這點追求完美是非常困難的。

所以，雖然有點矛盾，但是有這些自殘行為也沒關係，有來自不安的言行也無妨。只不過，希望你可以自覺到「啊，我現在的舉動來自不安」「這是自殘行為」。

完全不了解、只在不安中前進，跟自覺到不安的同時向前邁進，這兩種情況帶給人的安心感是不同的。請安心地不安吧。

即使之後發生什麼問題——不，是一定會發生問題，但就算發生也因為在預料之內，所以能笑著解決與處理。

人，偶爾會藉由傷害自己感到安心。

因為不安，想確認「現在」。

沒關係，就去吧。只要好好觀察自己。
這跟什麼都不知道，在恐慌狀態下行動相比，已足以療癒了。觀察自殘行為，先做到這樣就夠了。稱讚做到的自己吧。
沒關係，你沒有做錯。就放心地犯錯吧。

人生註定會持續往好的方向流動。
你的人生必定會變得幸福。
無論你的選擇是什麼，就算覺得好像選錯了，也絕對沒有錯。
你從未犯過錯。
那個選擇、那個行動，全都是正確解答。
一直都是正確的。所以，才有現在的你。

人類的價值，不是能做到什麼。
結果不管是什麼都好。
人類的價值，就在於本身的存在。存在占了八成。

可是，大部分的人卻堅持在其他兩成上。
在金錢或功績等事物上，追求自己的價值。
不知道所有事物皆相連，就會開始想跟許多東西連結。人雖然害怕孤獨，但本來就不可能孤獨。
沒有你，世界就無法成立。
因為有你，世界才能取得調和。
你幸福，世界也會幸福。
你的喜悅，就是世界和平。
你沒有錯。你的存在就占了價值的八成。
你，就是世界。

喜歡自己

「回過神來，我已經變成一直想要成為的『喜歡自己的自己』。有種非常溫柔的感覺。」

這是從顧客那裡收到的訊息中，最讓我開心的一句話。

同時，也讓我察覺到，「對了，我想成為的自己也是這樣。」

不管發生什麼都沒關係的信賴感。

我們，就是想變得很喜歡自己。

可是，「喜歡」到底是什麼呢？

一講到做喜歡的事，會有人說：「我不知道自己喜歡的事是什麼。」做

自己喜歡的工作，會有人說那樣賺不了錢。也有人會問：「我出生的意義究竟是什麼？」如果回答「你喜歡的事就是你出生的意義」，對方會擺出難以接受的臉。

「喜歡」來自你的體驗。

請好好想一想，喜歡或討厭都是做了之後才了解的。沒體驗過的事，誰都不會知道自己喜不喜歡。

做過之後，才體會到：「啊，我喜歡這個！」

去做喜歡的事，就是去做那些「體會自己喜歡」的事。

但是，大多數人都把沒體驗過的喜歡錯認為喜歡，把雙親、社會跟這個時代決定的喜歡，以為是喜歡。

喜歡身材高大的男性——真的是這樣嗎？

試著跟人交往後，應該會覺得完全不在意身材。

希望身材變得跟模特兒一樣。

真的是這樣嗎？我以前是能穿進三號或五號衣服的纖細身材，但是比較喜歡現在穿七號或九號的普通體型。
想瘋狂賺錢。
真的是這樣嗎？瘋狂工作很累喔（笑）。
這些都是要做做看才會了解的。
就算社會上普遍這樣覺得，我卻不這麼想——這種體會應該很多吧。
「喜歡」不是要去尋找的東西，它已經在你心中。
「喜歡」是累積出來的，要為自己累積更多喜歡。

成為最棒的自己

你是哪種人？
講話很快嗎？還是慢慢說話？
你的動作很快嗎？還是慢慢來？
你喜歡受人注目嗎？還是喜歡默默在幕後掌控？

「我喜歡這個」「這是我想做的事」「這是我想成為的自己」，真的是這樣嗎？看到你覺得很棒的人沒問題，你的喜好就是那樣，不管看幾次都著迷也很好。

我很喜歡電影或舞台劇，演員或模特兒總令我著迷；搜尋知名的企業家或投資者，看這些前輩的意見也很開心。

可是，如果問我是不是想變成跟他們一樣，卻不是這麼一回事。

若是明早起床突然變成米蘭達・寇兒（編按：出生於澳洲的超級名模），會讓我很困擾。

讓我下週變成比爾・蓋茲也很頭痛。

就算變成米蘭達或比爾，我也不知道該怎麼做才好。為了當米蘭達，我一天要鍛鍊身體幾小時才行呢？為了當比爾——我甚至不知道到底要怎麼想像。

我們不想成為別人。

假如突然變成誰也很令人困擾。

不是成為別人，而是成為最棒的自己。

最棒的自己是累積了很多「喜歡」的自己。

而且，每個人都能成為最棒的自己。

想成為最棒的自己，做自己喜歡的事就好。

只要超級喜歡自己。一件件去體驗眼前的事，去蒐集每個喜歡。

光這麼做，就能成為獨一無二、最棒的自己。

只有一點點喜歡可能還沒感覺，但當你蒐集越多喜歡，會發現自己的變化。你一定能察覺到逐漸膨脹的喜歡，回過神來會發現，你已經喜歡上自己。就是這麼一回事。

然後，你已經活了幾十年，經歷過許多體驗。

療癒「現在」的你以後，這些體驗也會變成你的喜歡。

很多人覺得自己已經老大不小，不可能變成其他模樣，這完全是錯誤的想法。

活到這個歲數的你，已經有很多喜歡了。
只是沒發現。從現在開始也能成為最棒的你。
這麼想，不覺得肩上的重擔放下了嗎？
原本以為要在廣闊世界中找出如沙粒般最棒的自己，但現在知道這個你
已經在自己心中了。
最棒的你已經在心中，不用急著去找也沒關係。
你在尋找的自己，不在某個很遠的角落，就在離你最近的地方。你看，
從一開始就在那裡。

珍視之人的死
帶來的巨大能量

影響我人生最深刻的，就是母親的死。

小學六年級的那個冬天，媽媽過世了。早上起床後，發現她過世了。

還是小學生的我，沒有能做的事，也明白母親的死不是我的錯。

可是，現在我還是會想，當時是不是有其他可以幫助她的方法。

我將這個情緒稱為後悔。

我是在後悔什麼呢？後悔沒有跟她說這些話：

「我希望媽媽待在身邊。」

「我最喜歡媽媽了。」

那時候若能說出口就好了，可是我卻沒有說。我選擇不告訴她。
如果把這個情緒改為愛，不稱作後悔呢？
我還是覺得，如果當時能將這些話告訴她就好了。
「我希望媽媽待在身邊。」
「我最喜歡媽媽了。」

像這樣，能告訴她「實話」就好了。
或許大家會想，畢竟是媽媽，不用說也能明白。但是，我還是覺得如果能親口告訴她就好了。
多說一句也好，將我心中的實話告訴她。
小時候父母離世真的是件非常辛苦的事。
要走到現在的狀態並不簡單。

死亡的瞬間，大量流入的能量

死亡究竟是怎麼回事呢？就是從源頭流到脈輪的能量，流量漸漸變少，慢慢消失。

脈輪本身也會變薄、變弱，逐漸消失。

可是，當停滯的能量等所有能量消失，全部回歸到源頭的瞬間，亦即死的瞬間，會有一股比活著時更大的能量，流向看得見的世界。

這個能量的流量之大，是平常不管怎麼調整自己也不可能出現的量。

只有在人死亡以及出生的時候，能量的流量會大到極限。流過來的能量越多，越能疏通世界上停滯的能量，人也會逐漸被療癒。

所以，死亡以及出生會大幅影響人。

不管是本人或身邊的人。

死亡以及出生帶給人的影響，是活著時無法比擬的。

但是，出生時的影響沒什麼問題，難的是死亡的時候。
無論是怎樣的死亡，都伴隨著悲傷，所以我們看不見這些影響。不過，死亡跟出生一樣，是令人開心的事。
證據就在於，有人死亡時，我們會實際感受到自己活在現在，會想到「要更認真活著」「要更珍惜重視的人」，會開始思考「人真的會死」「我某天也會死」「在那之前我能做些什麼」等，關於「生」的事。
我們不光會受到關係好的人之死的影響，連電視上那些未曾見面的藝人之死，也會影響我們。

死亡會一口氣疏通停滯的能量，也會瞬間療癒並調整人的狀態。人會被調整。
因此，媽媽在那時過世其實是件好事。
媽媽的過世帶來足以讓人生變得亂七八糟的衝擊，因為有那麼大量的能量流過來，我才能好好調整狀態，得以開始面對原本的自己。
如果你現在因為某人的死感到難受，請偶爾悲傷就好，試著想想下面這段話。
珍視之人的死會療癒你，可以放心感到悲傷。
請溫柔地照顧好好努力活著的自己。
療癒不是指回到還沒受傷的自己。
傷口永遠不會消失，仔細看，它就在那裡。
維持這個狀態就好。請去觀察那股疼痛。
然後，了解疼痛的人請互相安慰。
這樣活著就好。

超乎想像的美好人生，正在等著我們。
現在的人生也是，你應該從未想過這種人生吧？
你沒想過會發生這種事。人生就是發生一連串超乎想像的事，之後也會繼續，我們一直都活在想像之外。
眼前的，一直都是超越想像的未知世界。
不用因為這點感到不安。

因為，你只是不知道而已，所以知道就好。
一切從知曉開始。
很有趣，人生絕對很有趣，無論發生什麼都很有趣。
向你保證，真的很有趣。
所以，好好活著吧。

最終章

放棄欲望的瞬間，人就會完整

如果只發生對自己有利的事，你會怎麼樣？
如果所有事都是為了讓你走向幸福才發生，你會擔心有哪裡不足嗎？
會覺得因為少了什麼，人生不完整嗎？
已經得到這麼多美好事物的你，不要再嘆息還缺了什麼，不要在一天內對自己的人生潑好幾次冷水。
人生不是因為沒有什麼才不完整。
是因為一直追求什麼才不完整。
放棄欲望的瞬間，你就會完整。
「現在」這個瞬間，你即是完美。

請感受完美的自己。
追求這件事，隨時都能做。
請用最棒的你生活看看。
你的能量狀態已經很完美了。
世界正在等待你的姿態變得完整。

假設眼前有一張人生物品清單。
就算已經拿到第二名到第九名的東西，人還是無法滿足。
沒拿到第一名就不滿。可是只要拿到第一名，即使沒拿到第二名以後的東西也感到滿足的，就是人類。
要拿到第一名，說不定會非常花時間，搞不好也很辛苦。
可是，比起不完整的自己，完整的你一定能更輕鬆地得到它。
現在的你是哪種狀態、哪種姿態，都會決定之後的人生。乾脆成為完整的你吧。

你已經走得夠遠了。
一路上真的很努力了，還有很多很多有趣的事在等著你。
適合最棒的你的人生，在等著你。

萬物皆一體

從我遇到精靈開始，已經過了十年。
實現清單中第一名的願望時，我覺得這次的人生就算什麼時候結束都不後悔。我以為第一名的願望不可能實現，且無法想像怎麼做才會實現，可是，它實現了。
從此我的人生根本像是附贈的。
所以，我才想告訴更多人有關花與精靈、實現願望、增加愛的方法。
我知道，只要我還笑著，你也能變得幸福。
所以我今天也是笑容滿面，就算失敗也一笑置之，理直氣壯地、美美地活著。

無論要我說幾次都可以。這種事，要由能說出口的人來說。我在哀傷哭泣的時候，請你繼續笑著，然後告訴我：「人生意外地簡單喔。」

這本書就到這裡結束。

跟大家說了好多話，真的很開心。

之後有機會，也請告訴我你的故事。

我也還有很多想告訴你的事。

之後再見吧。

希望今天也是個好日子。

保重。

Eurasian Publishing Group
圓神出版事業機構
用心與你對話·視野無限寬廣
方智出版社
Fine Press
www.booklife.com.tw reader@mail.eurasian.com.tw

方智好讀 154

有花就有神：

通靈花藝師帶你用花與神相遇

作　　者／須王花神
譯　　者／高宜汝
發 行 人／簡志忠
出 版 者／方智出版社股份有限公司
地　　址／臺北市南京東路四段 50 號 6 樓之 1
電　　話／（02）2579-6600 · 2579-8800 · 2570-3939
傳　　真／（02）2579-0338 · 2577-3220 · 2570-3636
副 社 長／陳秋月
副總編輯／賴良珠
主　　編／黃淑雲
責任編輯／胡靜佳
校　　對／胡靜佳 · 黃淑雲
美術編輯／蔡惠如
行銷企畫／陳禹伶 · 朱智琳
印務統籌／劉鳳剛 · 高榮祥
監　　印／高榮祥
排　　版／莊寶鈴
經 銷 商／叩應股份有限公司
郵撥帳號／ 18707239
法律顧問／圓神出版事業機構法律顧問　蕭雄淋律師
印　　刷／祥峰印刷廠
2022 年 12 月　初版
2023 年 8 月　2 刷
HANA WO KAZARUTO, KAMI MAIORIRU
BY Flora Suoh

定價 340 元　ISBN 978-986-175-713-1　

你本來就應該得到生命所必須給你的一切美好！
祕密，就是過去、現在和未來的一切解答。

——《The Secret 祕密》

國家圖書館出版品預行編目資料

有花就有神：通靈花藝師帶你用花與神相遇/須王花神著；高宜汝譯. -- 初版. -- 臺北市：方智出版社股份有限公司, 2022.12

240面；14.8×20.8公分 --（方智好讀；154）

ISBN 978-986-175-713-1（平裝）
1.CST: 生活指導 2.CST: 靈修

192.1 111016801